CONTENTS

1 - crab
2 - Fish
3 - Tiger Face
4 - owl
5 - Turtle
6 - Whale
7 - Duck Face
8 - Tulip
9 - Snake
10 - Shirt
11 - Santa Cap
12 - Rabbit Face
13 - Pigeon
14 - Paper Hat
15 - Panda
16 - One Piece Dress
17 - Necktie
18 - Mouse Face
19 - Koala Face
20 - Horse FaceA
21 - Grasshopper
22 - Goldfish
23 - Fox face
24 - Dog
25 - Dog Face
26 - crab
27 - Corythosaurus
28 - Coat
29 - Cicada
30 - Christmas Tree
31 - Cat Face
32 - Candle
33 - Brachiosaur
34 - Boat
35 - Bird
36 - Bee
37 - Baby Chick
38 - Maltese Dog Face
39 - Rabbit Face
40 - Paper Plane

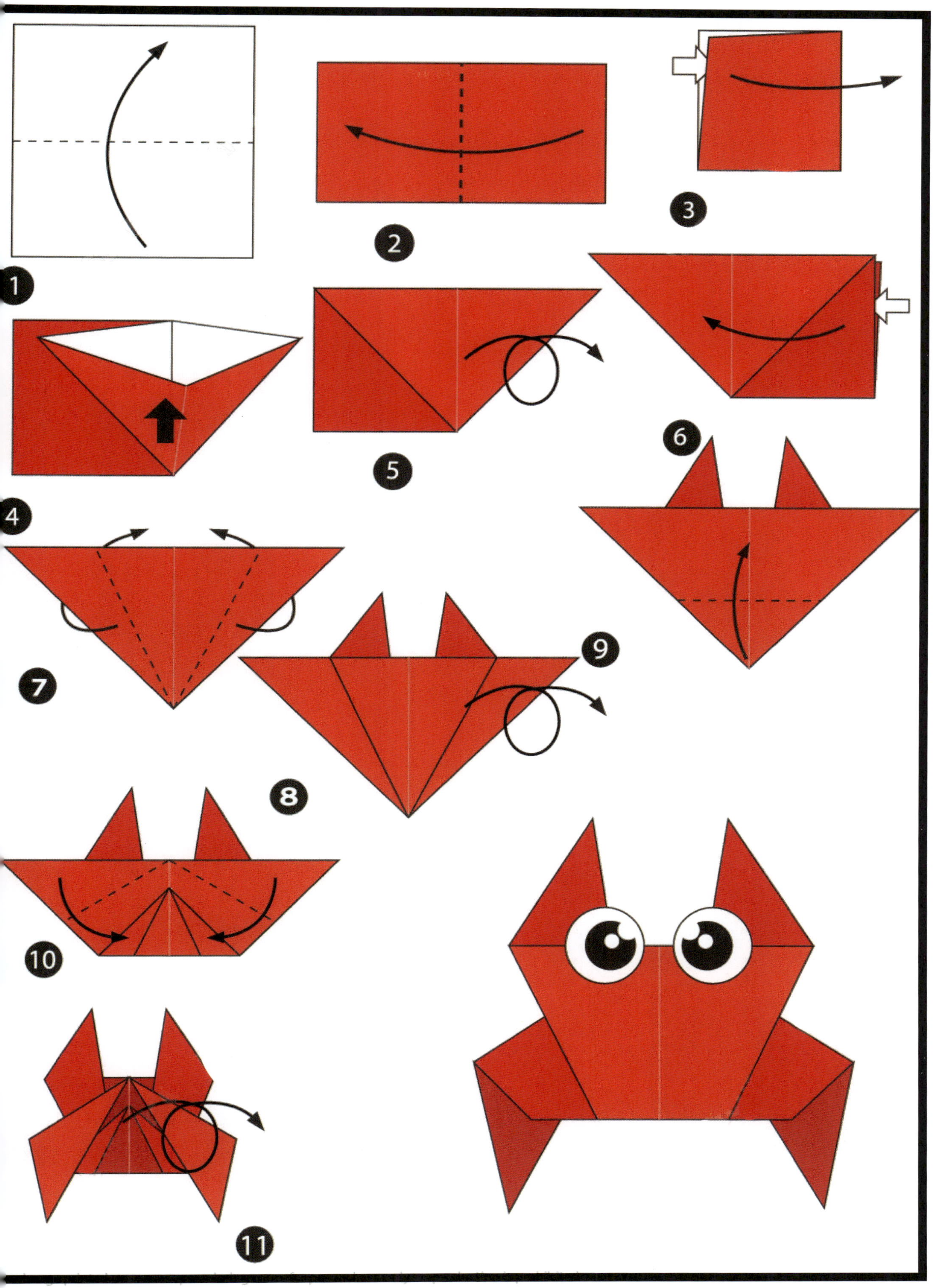
1
2
3
4
5
6
7
8
9
10
11

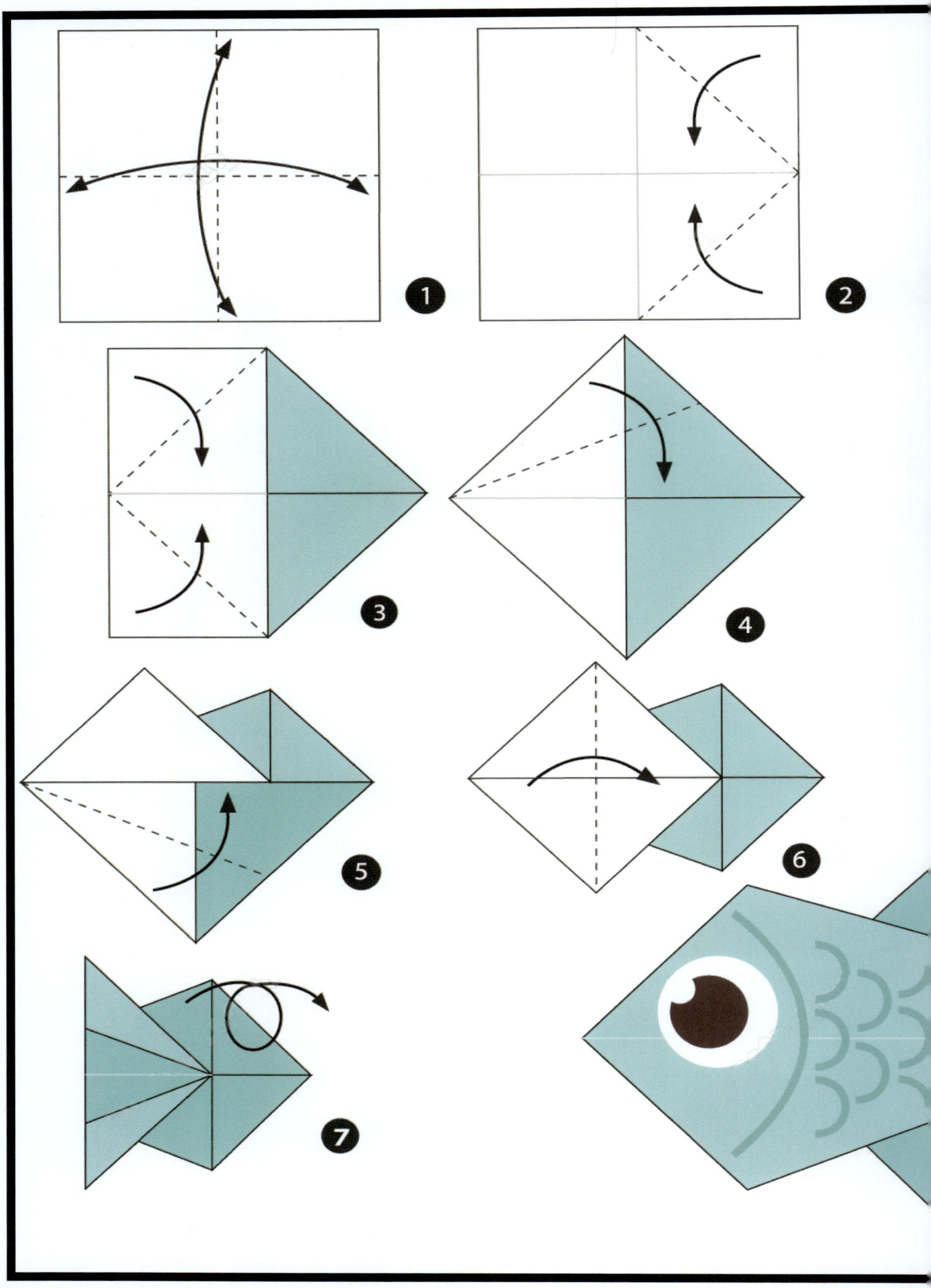
1
2
3
4
5
6
7

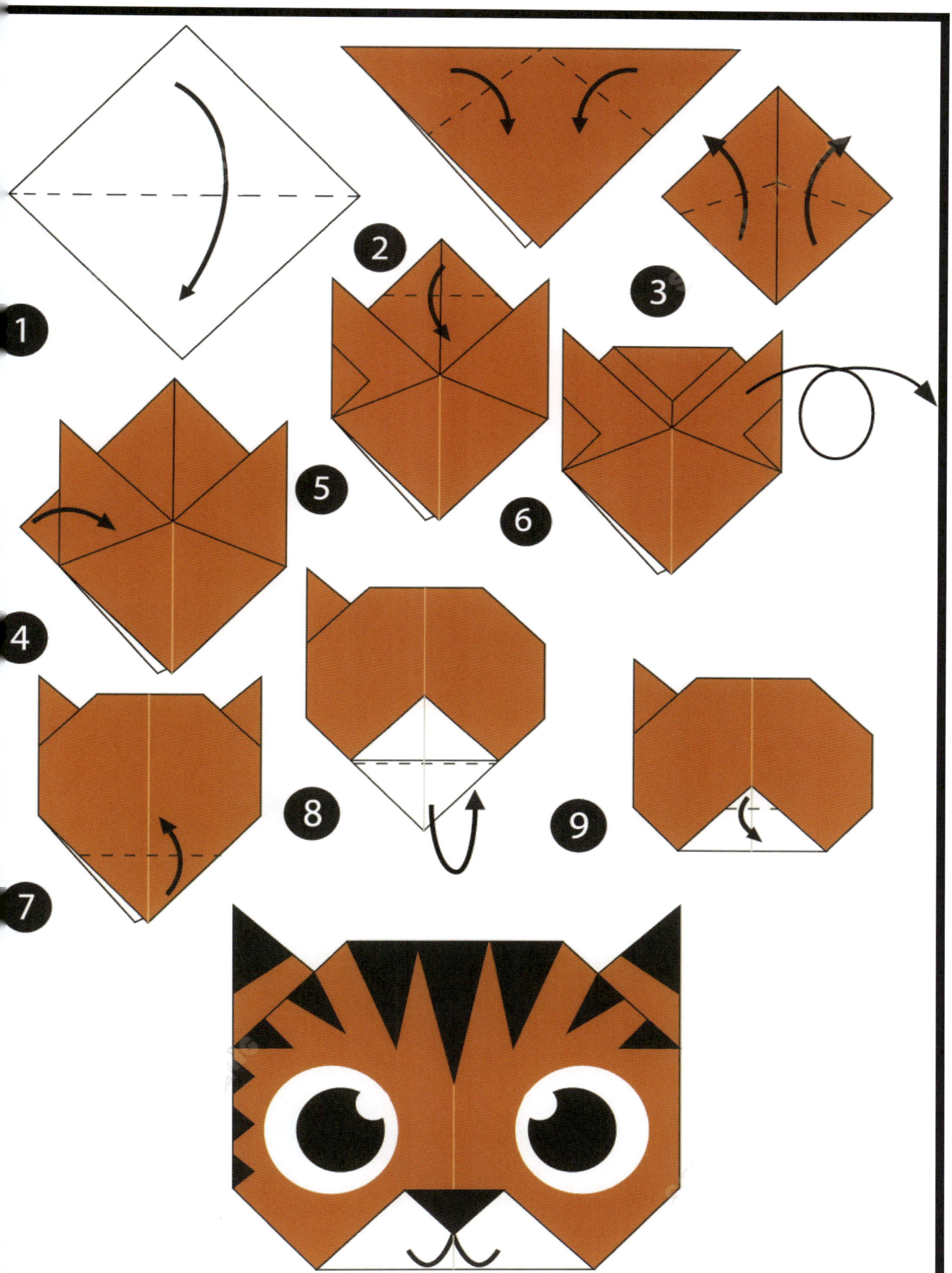

1
2
3
4
5
6
7
8
9

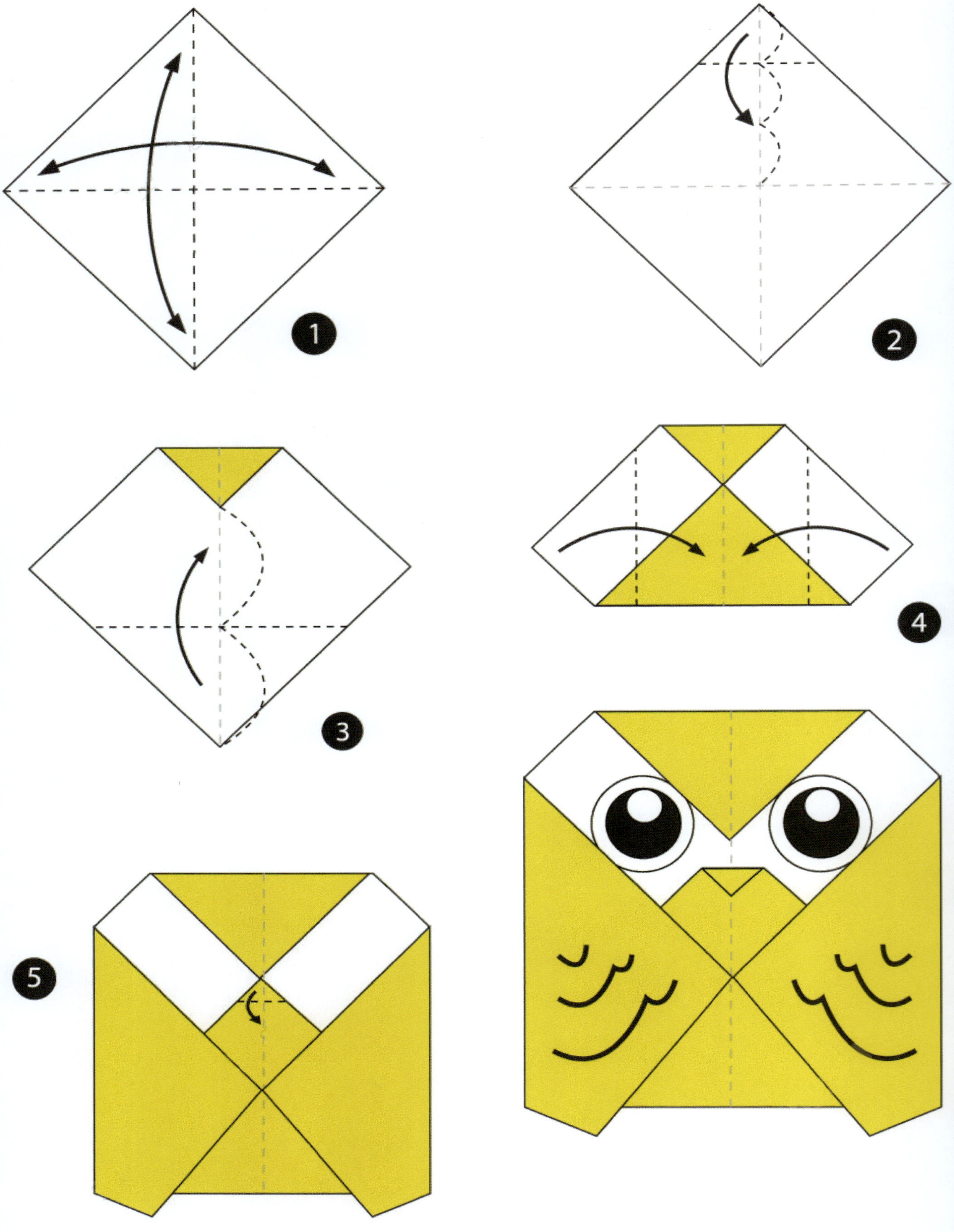
1
2
3
4
5

1

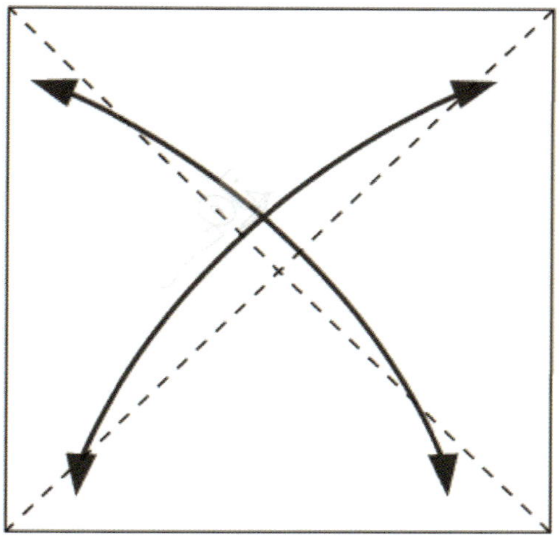

2

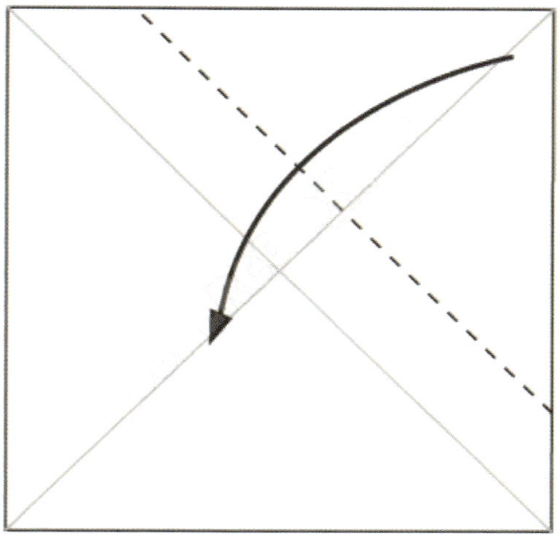

3

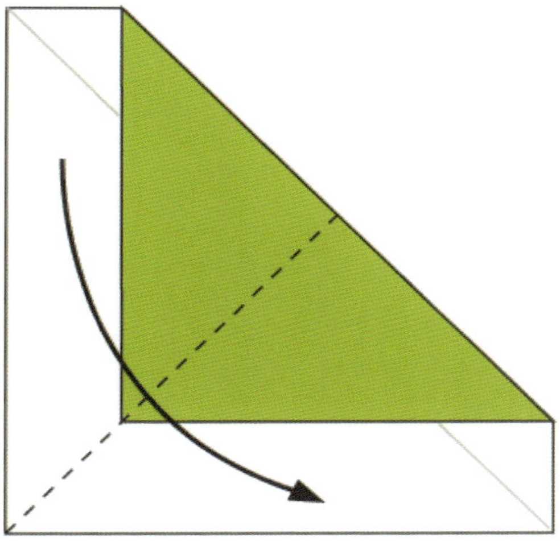

4

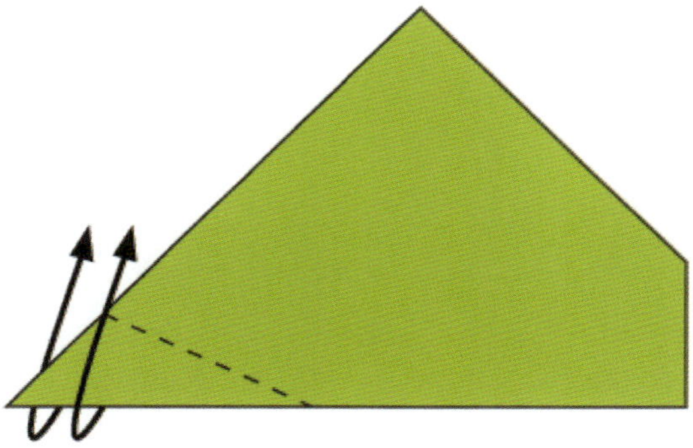

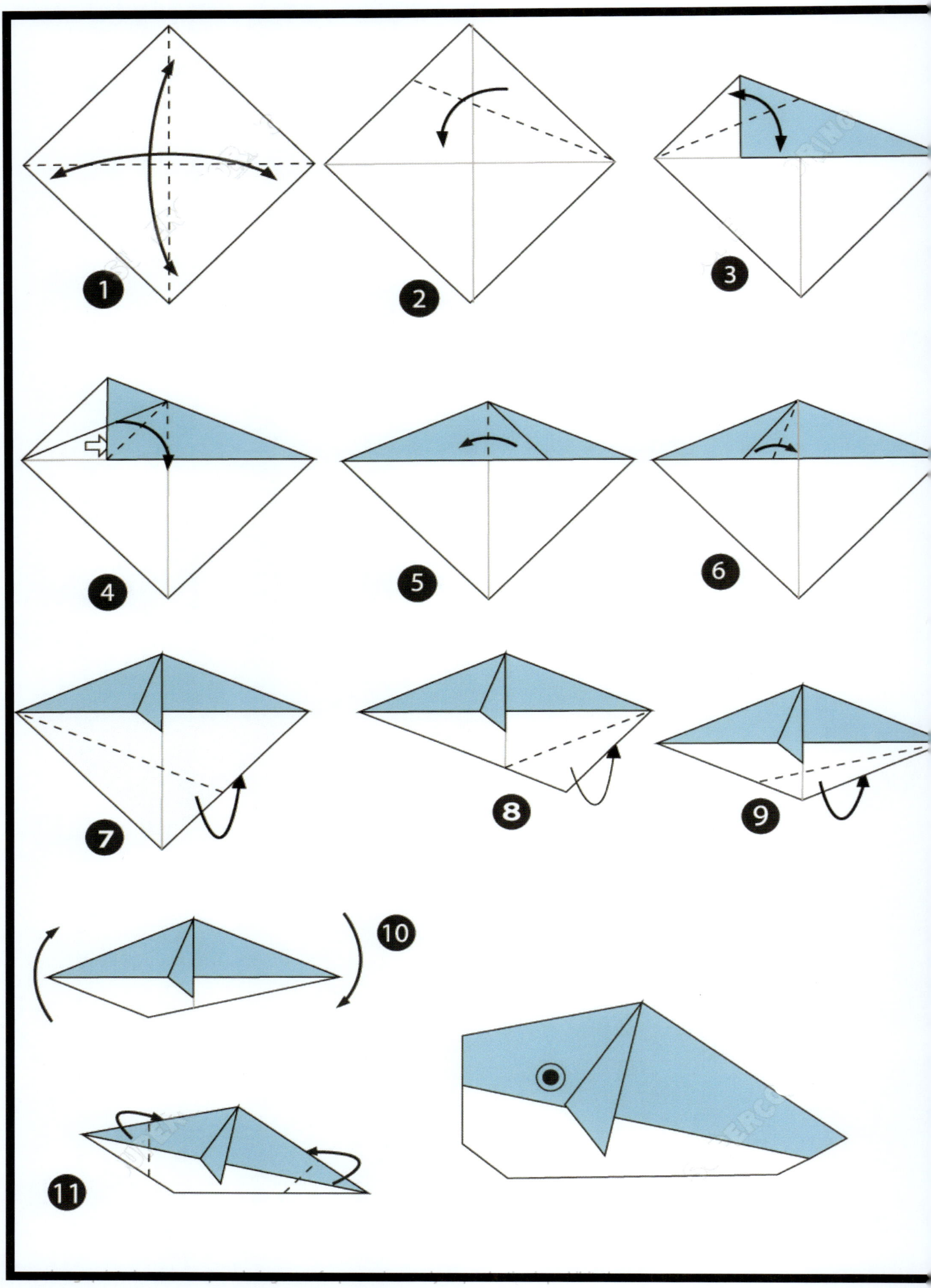
1
2
3
4
5
6
7
8
9
10
11

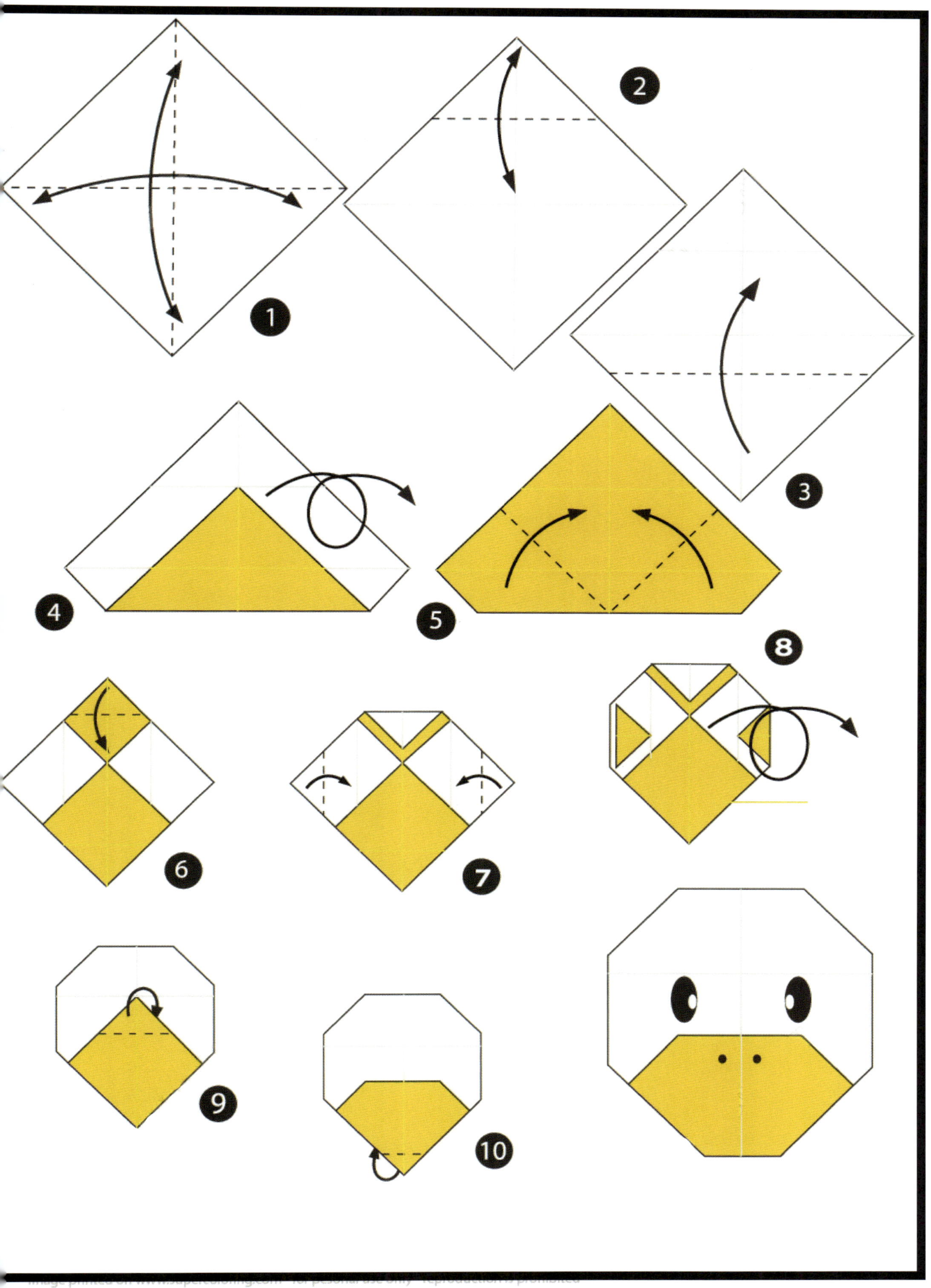
1
2
3
4
5
6
7
8
9
10

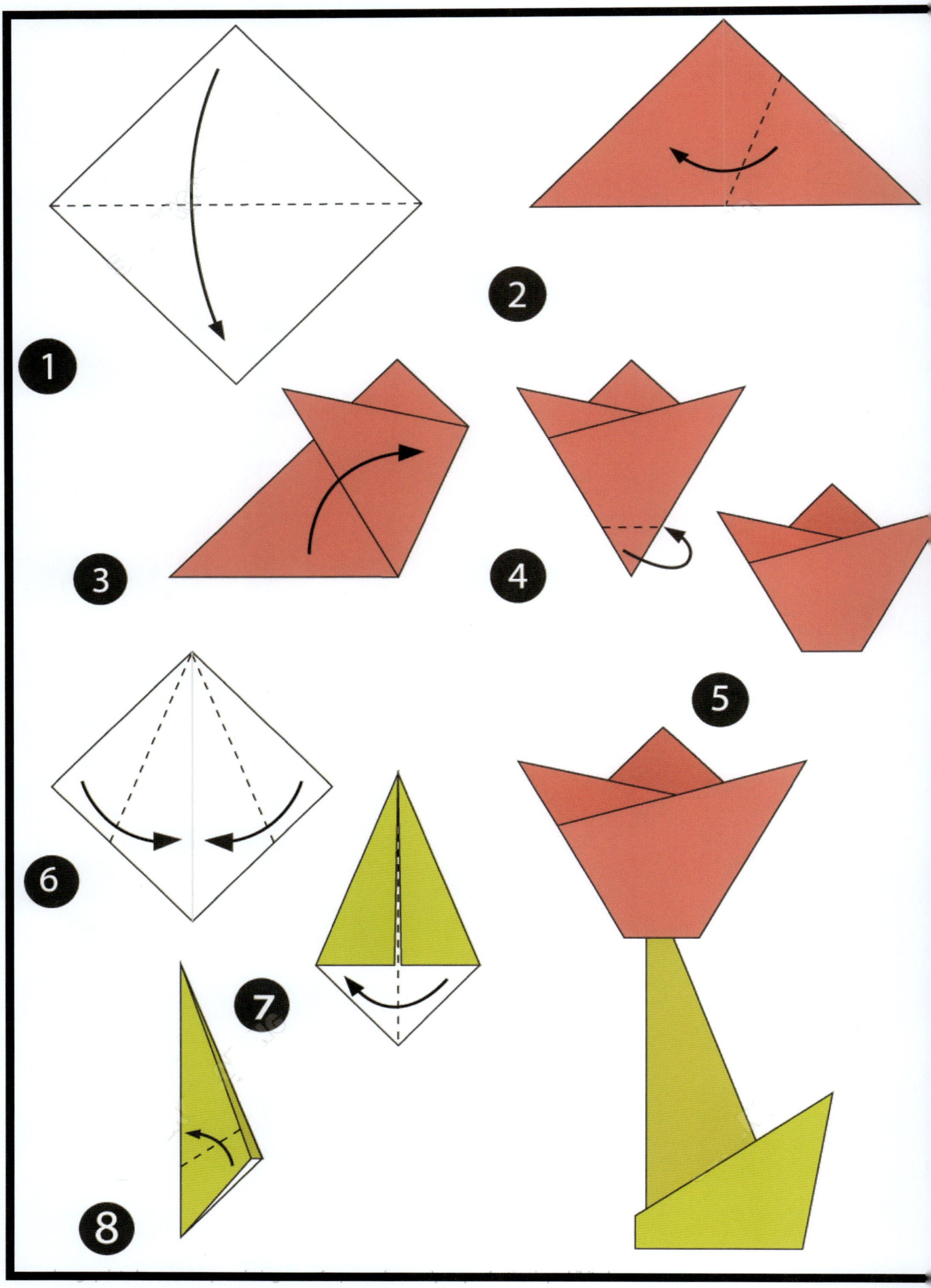
1
2
3
4
5
6
7
8

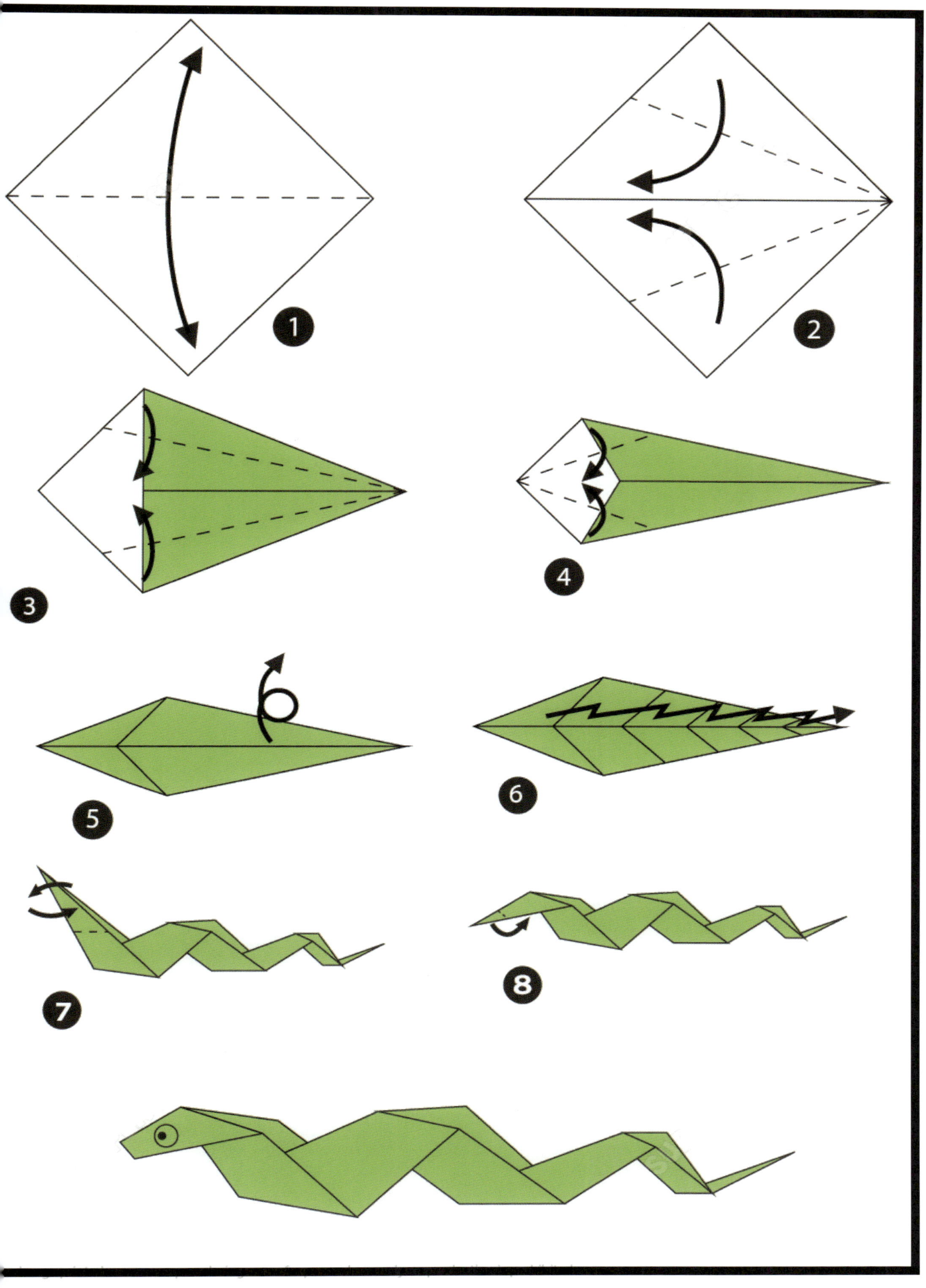
1
2
3
4
5
6
7
8

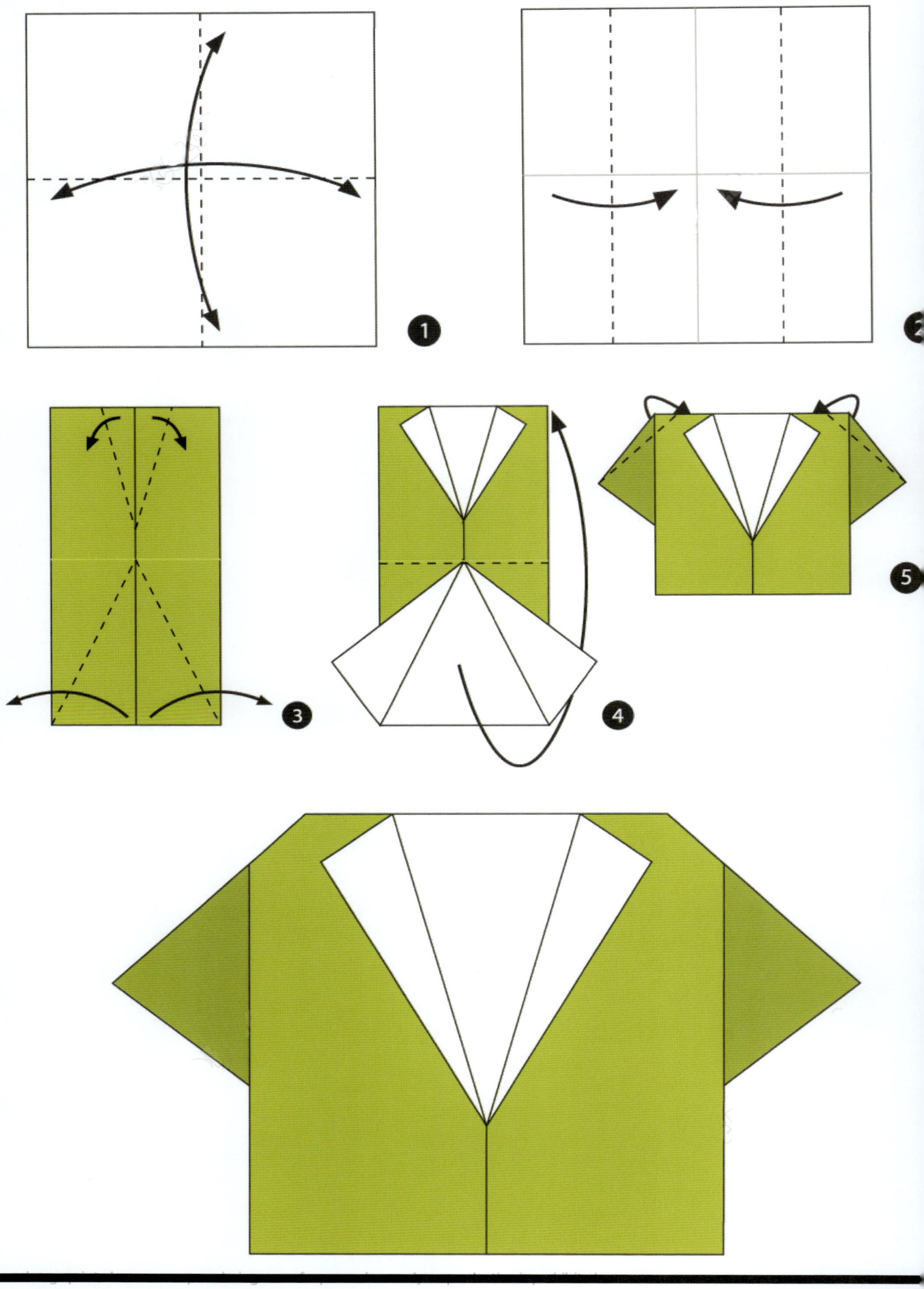
1
2
3
4
5

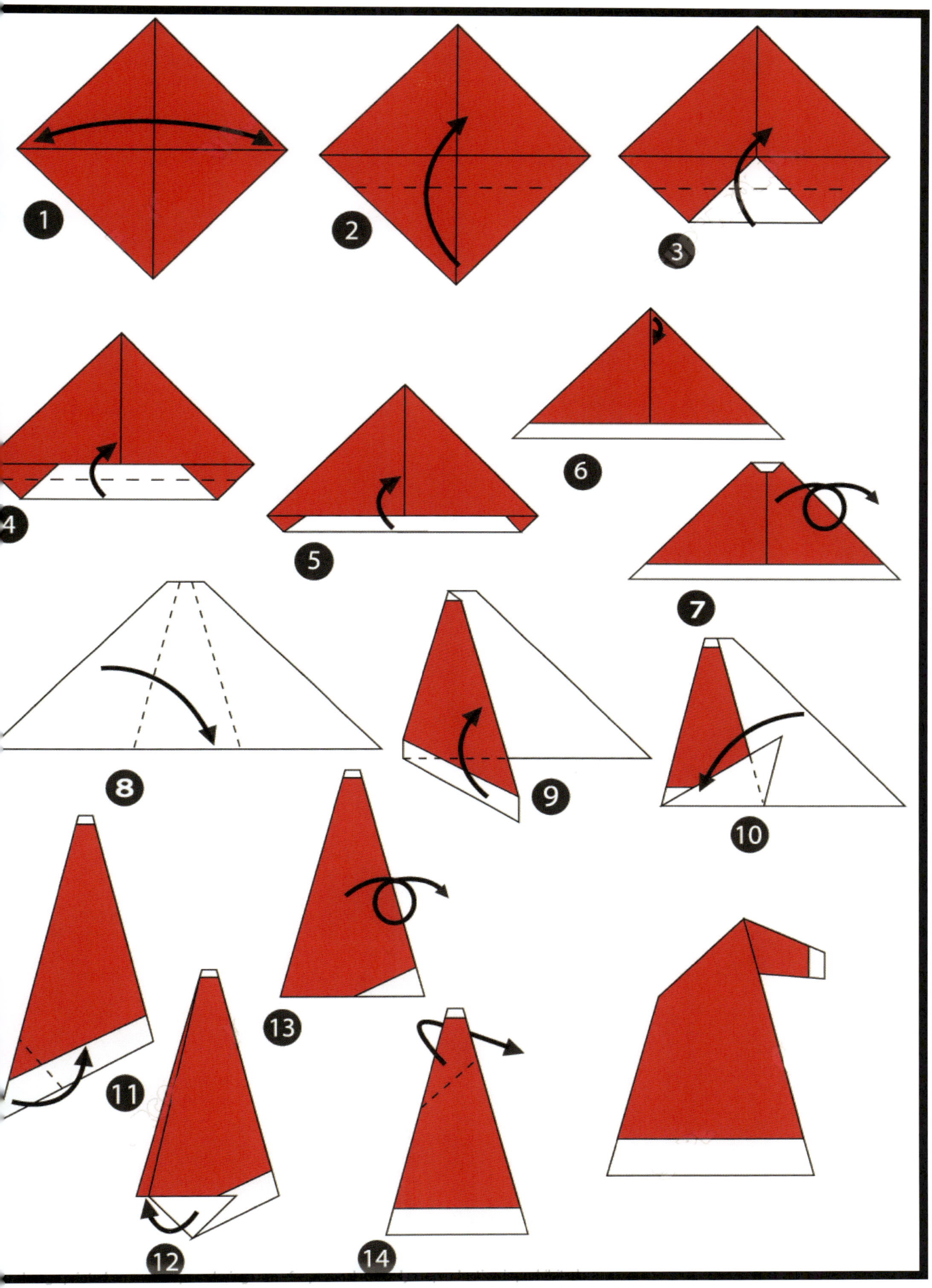
1
2
3
4
5
6
7
8
9
10
11
12
13
14

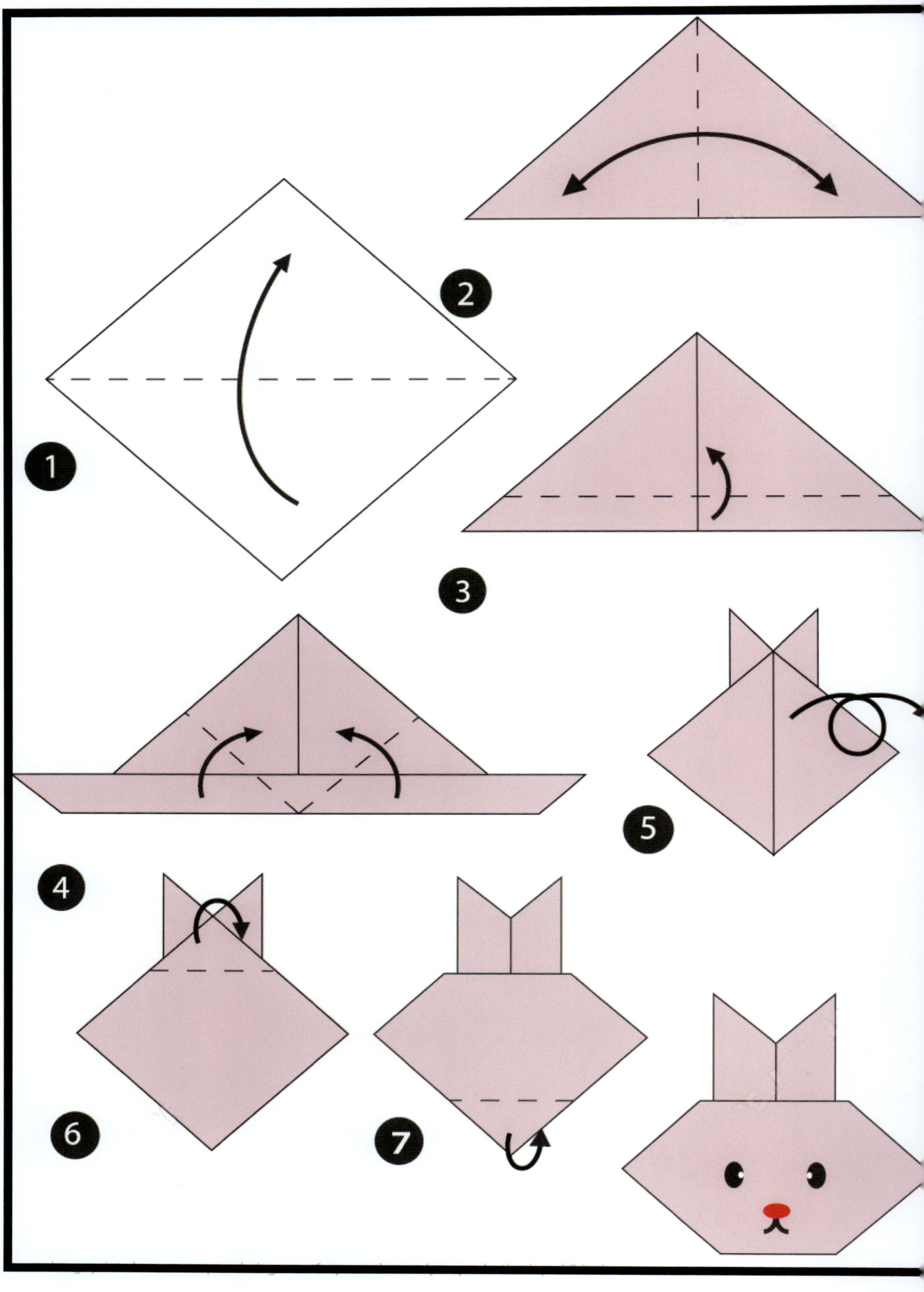
1
2
3
4
5
6
7

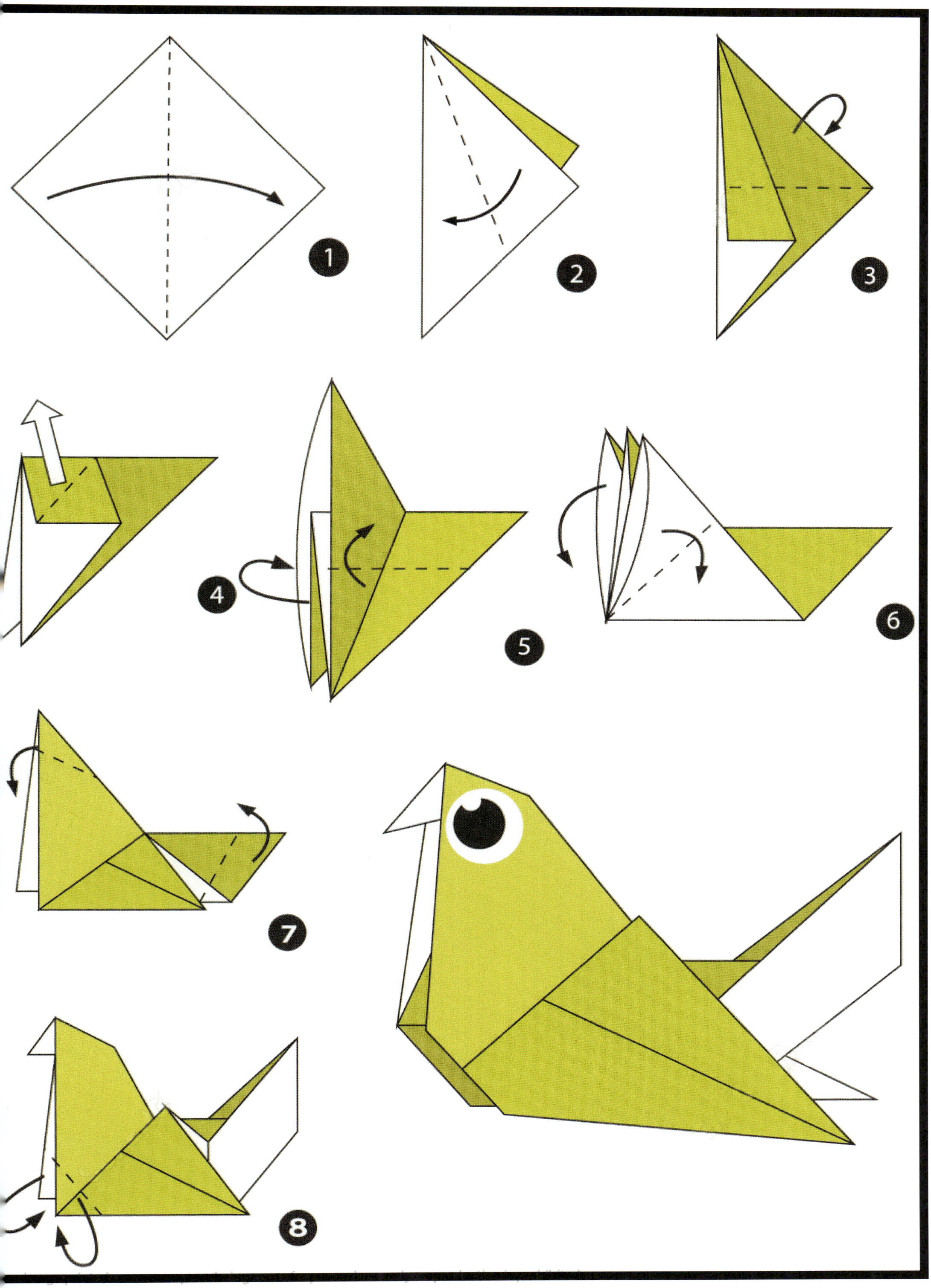
1
2
3
4
5
6
7
8

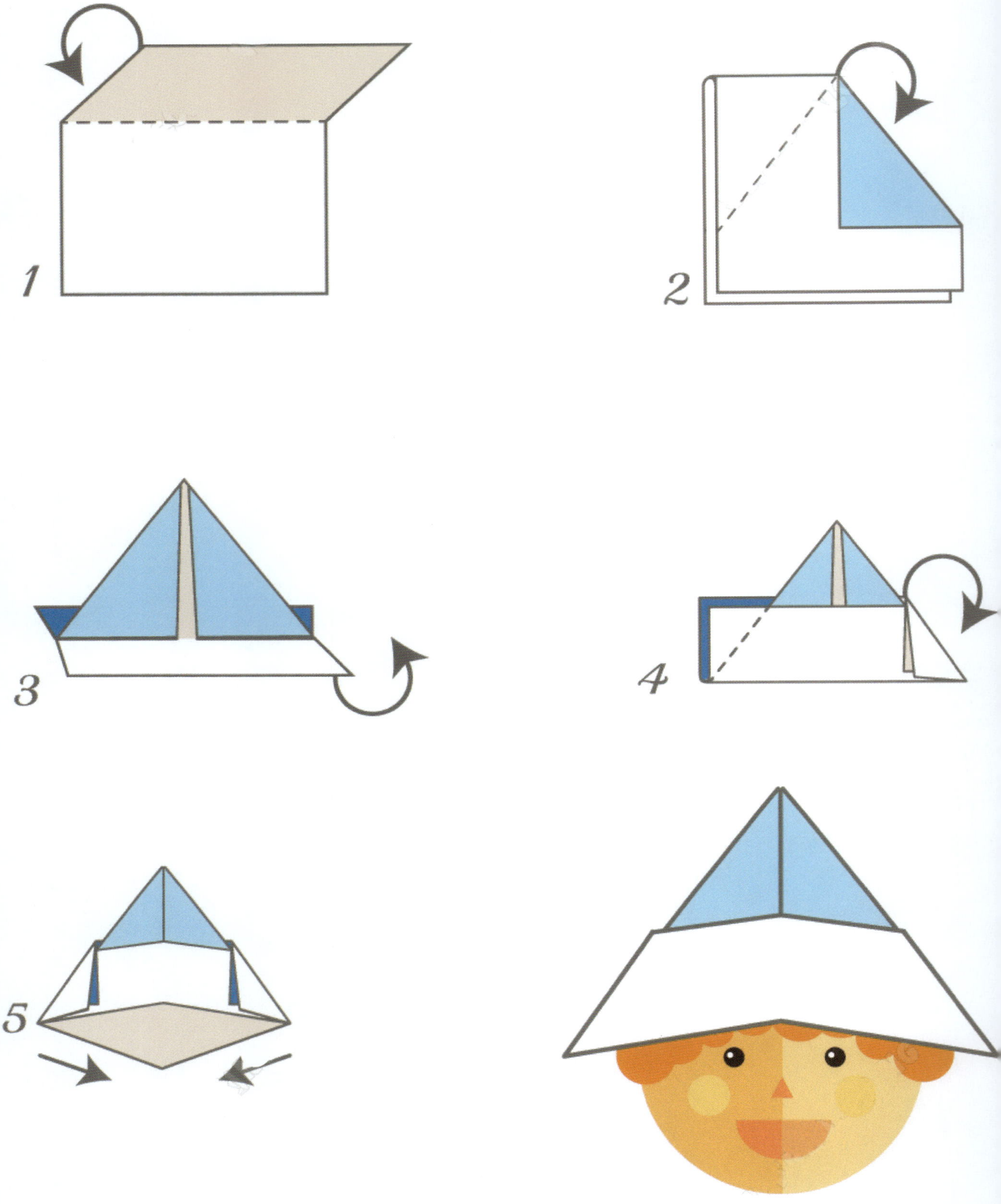
1
2
3
4
5

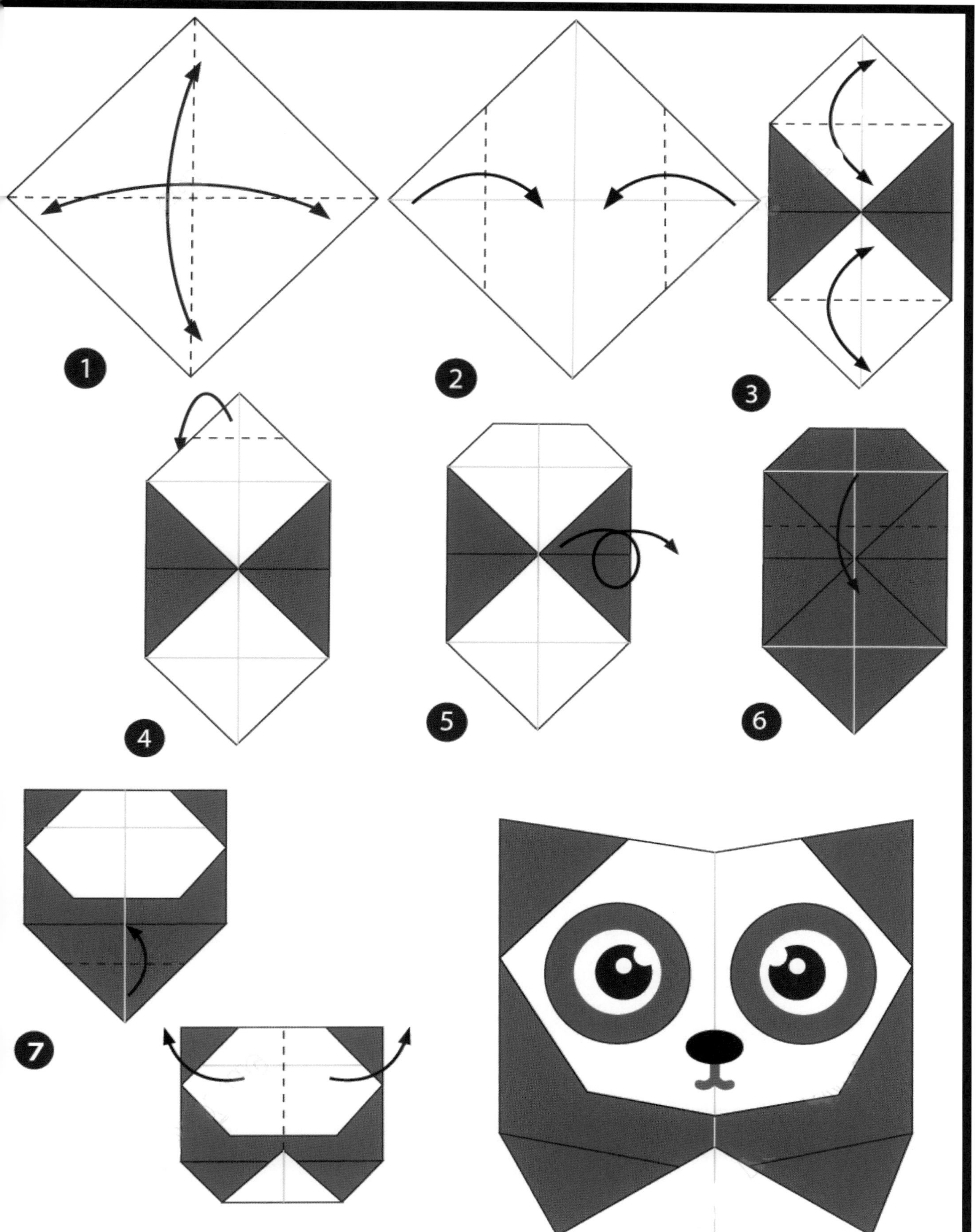
1
2
3
4
5
6
7
8

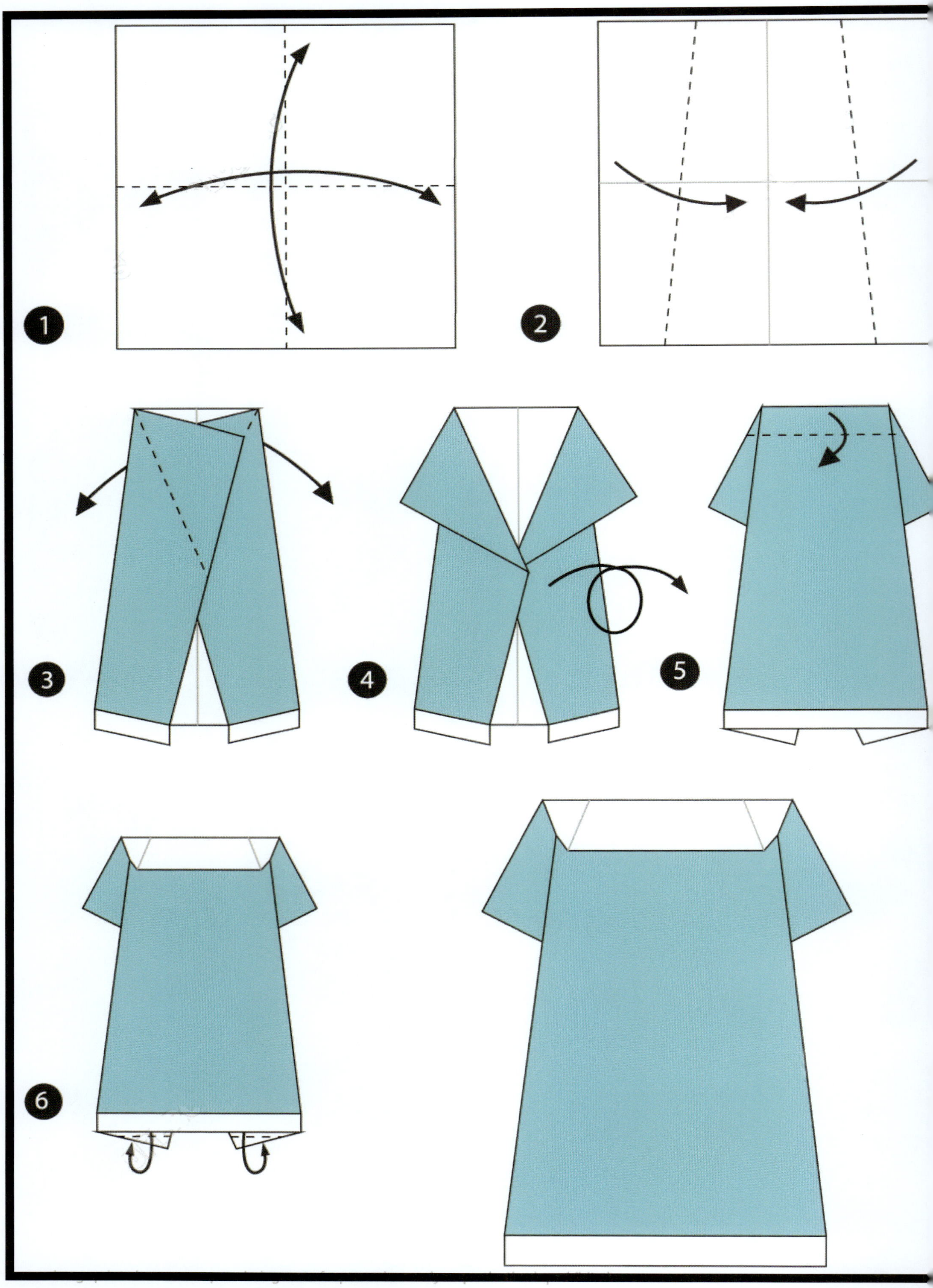
1
2
3
4
5
6

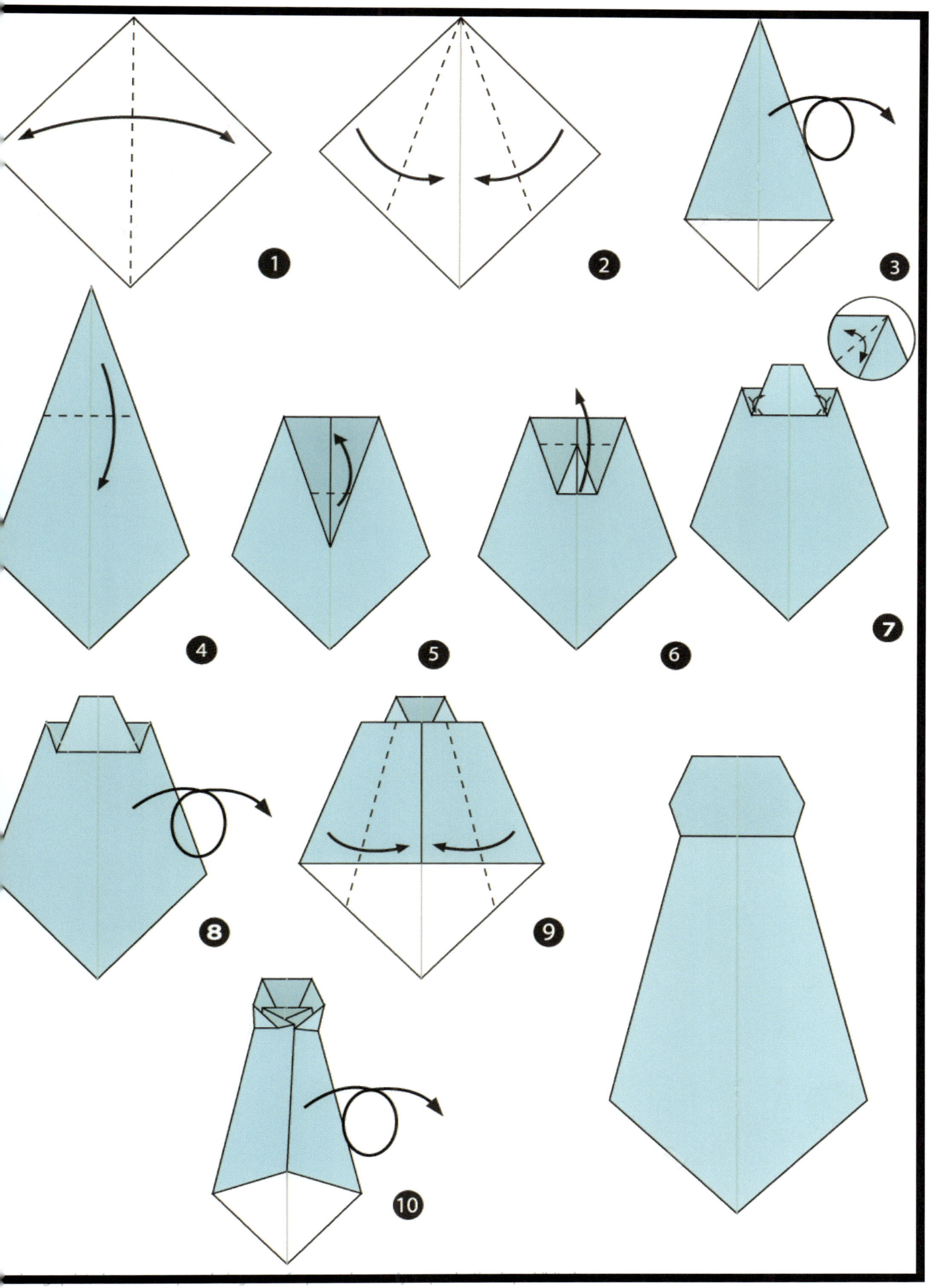
1
2
3
4
5
6
7
8
9
10

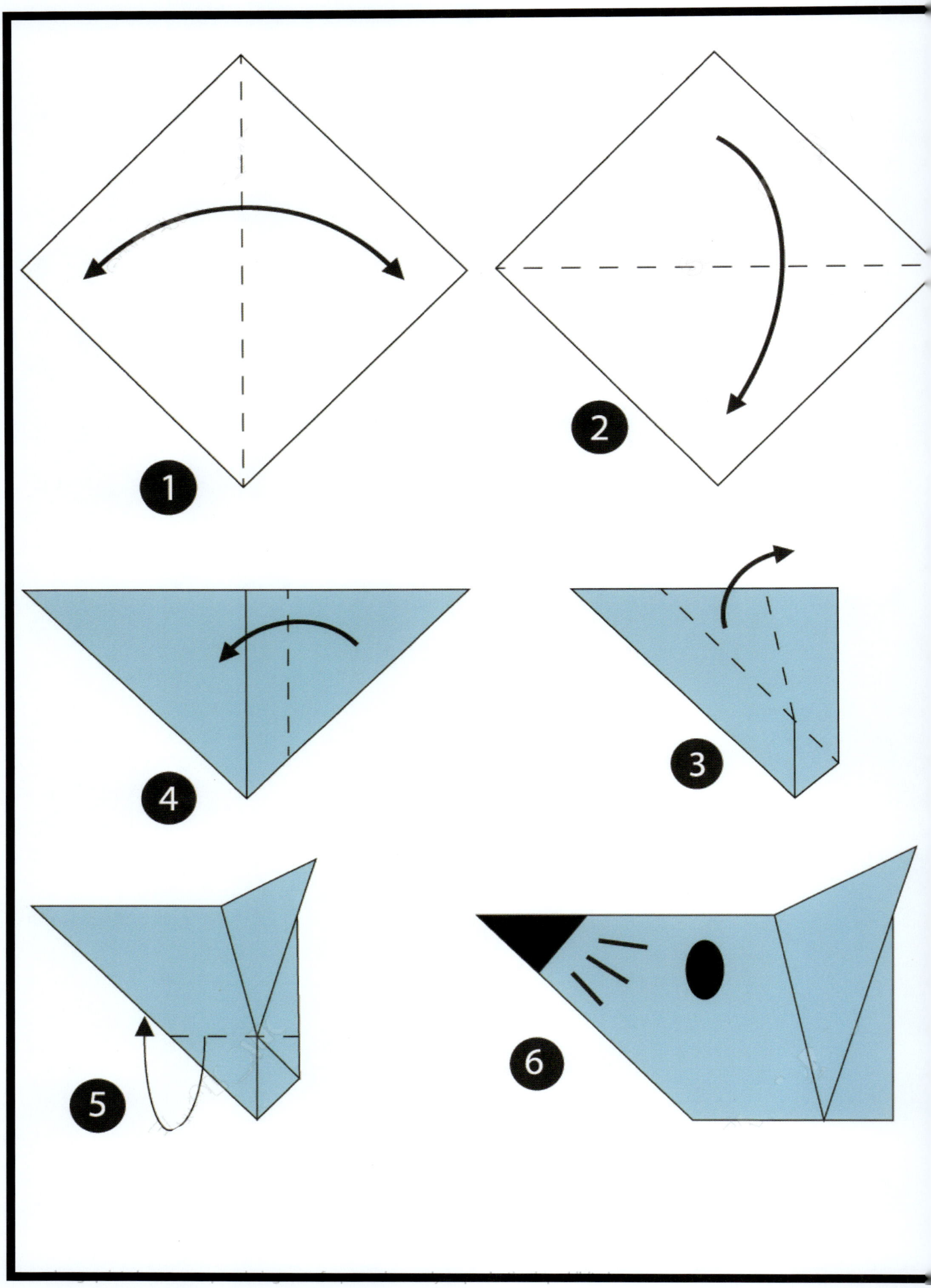
1
2
4
3
5
6

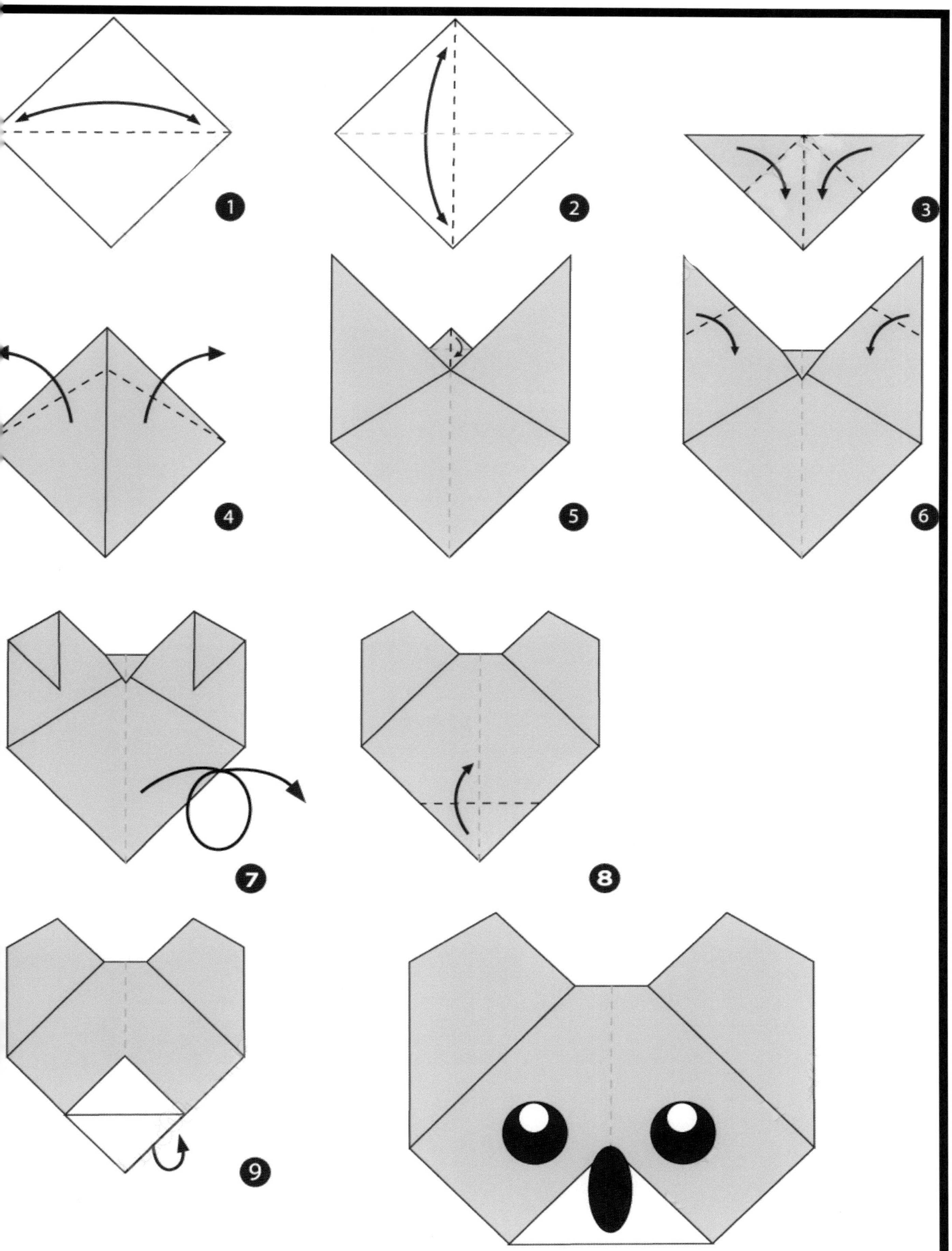

1
2
3
4
5
6
7
8
9

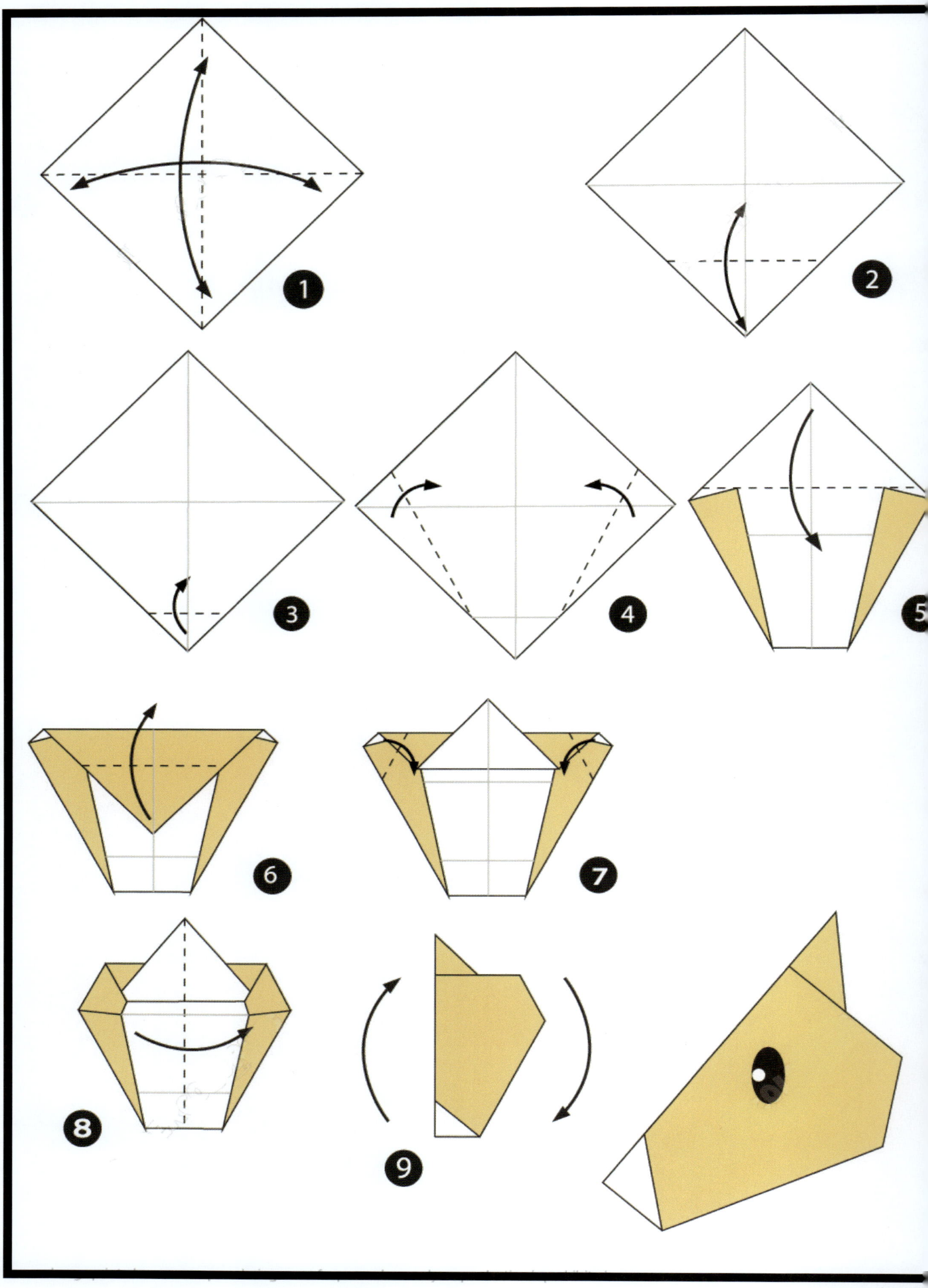
1
2
3
4
5
6
7
8
9

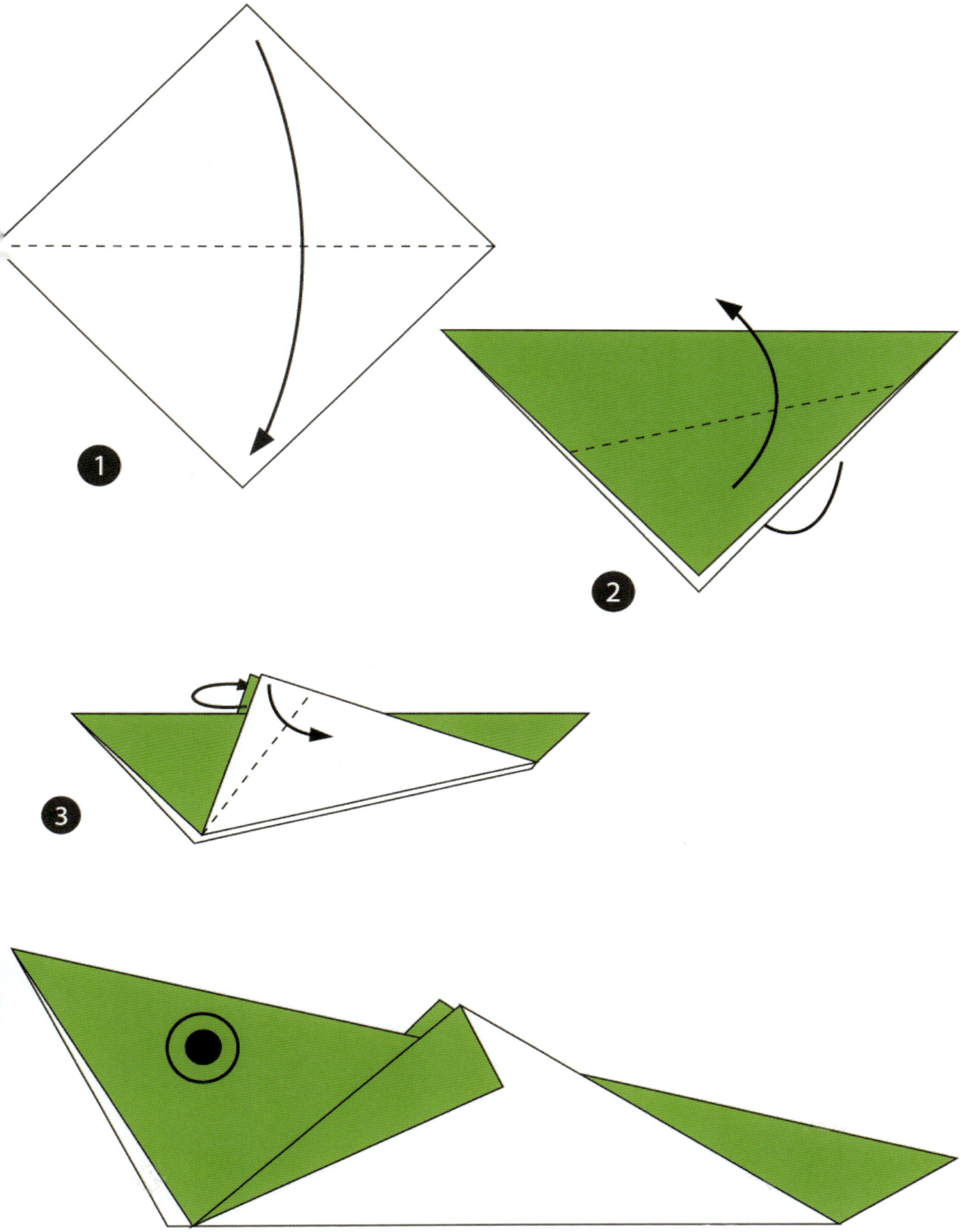
1
2
3

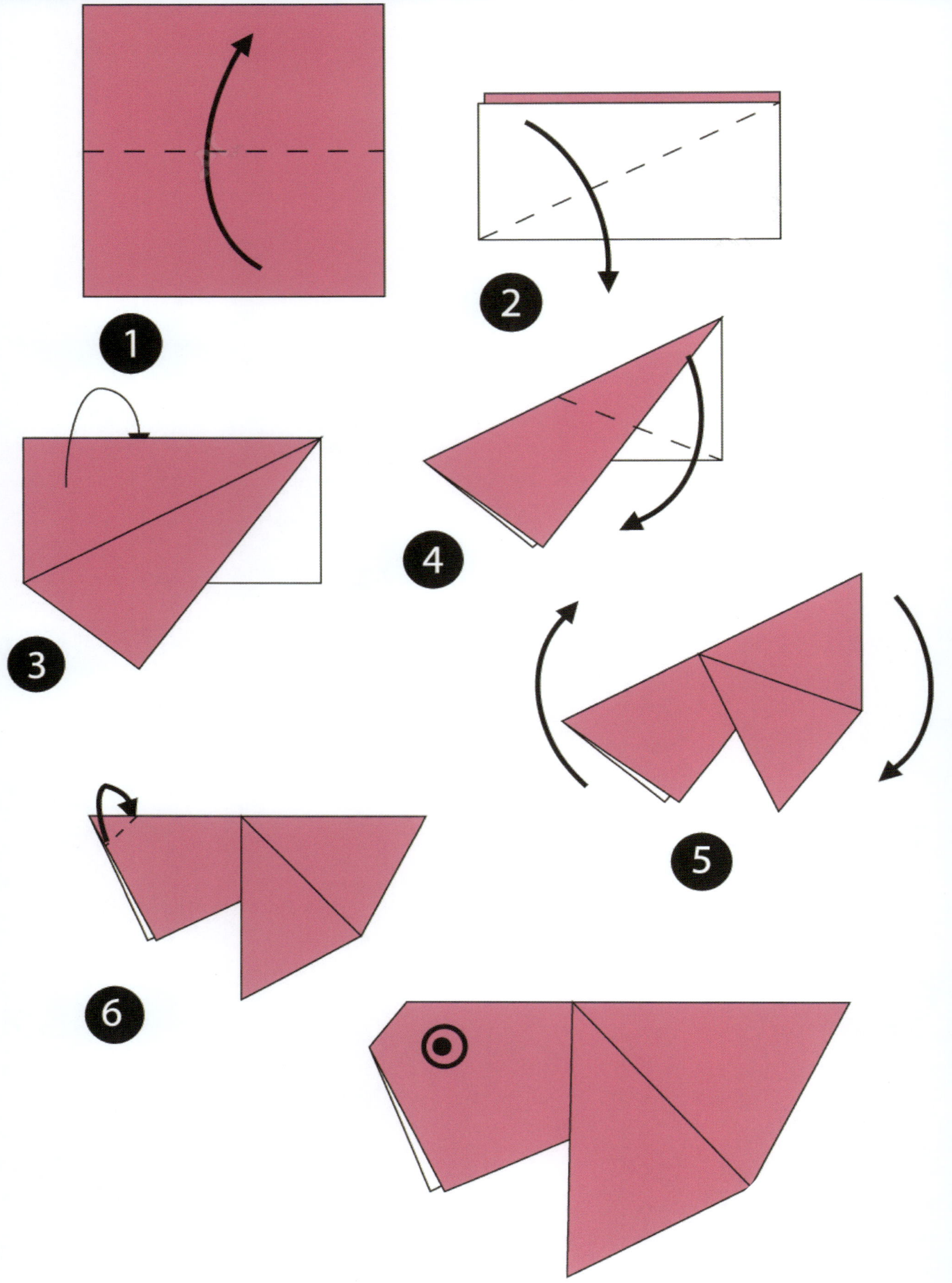
1
2
3
4
5
6

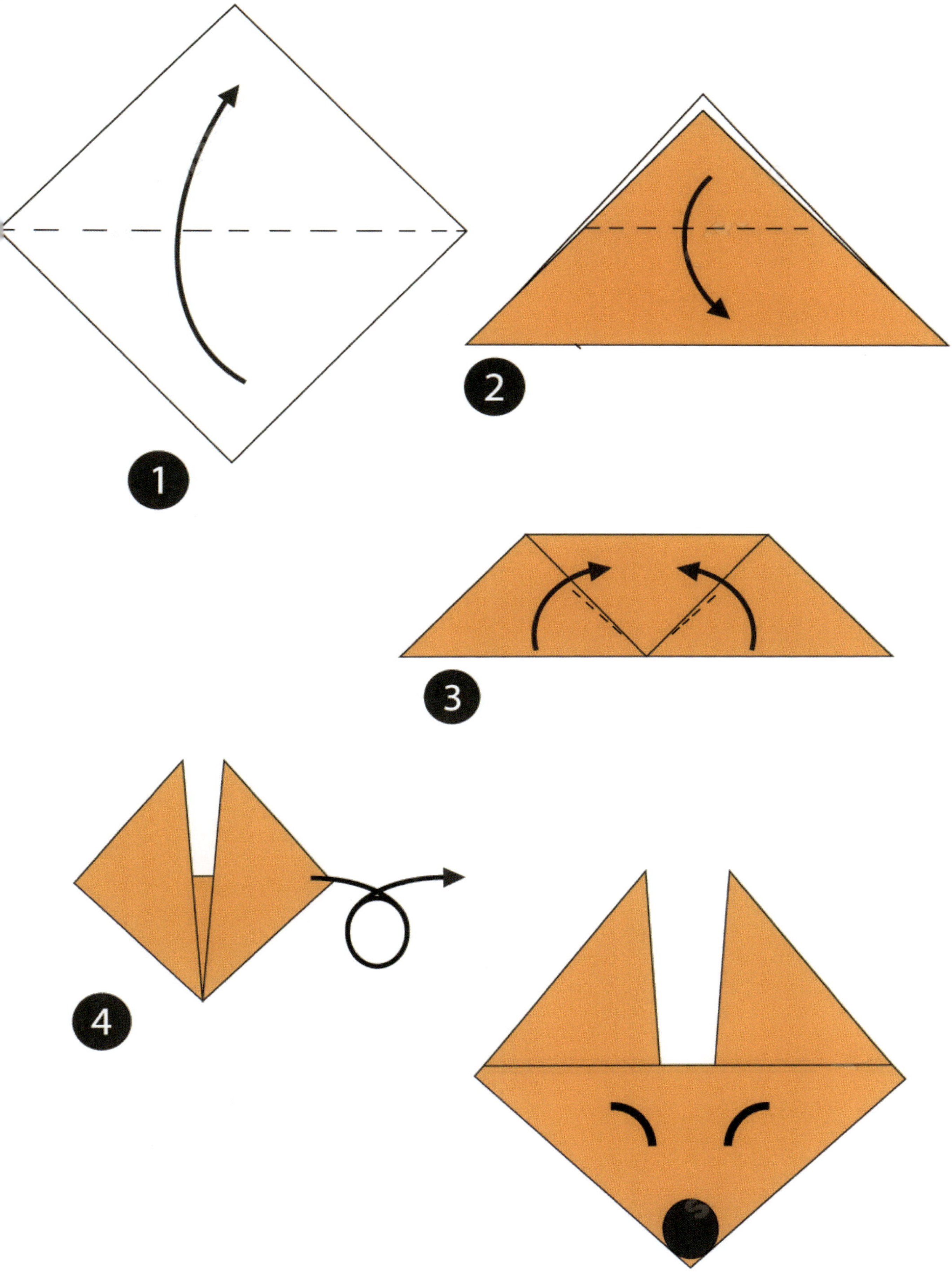
1
2
3
4

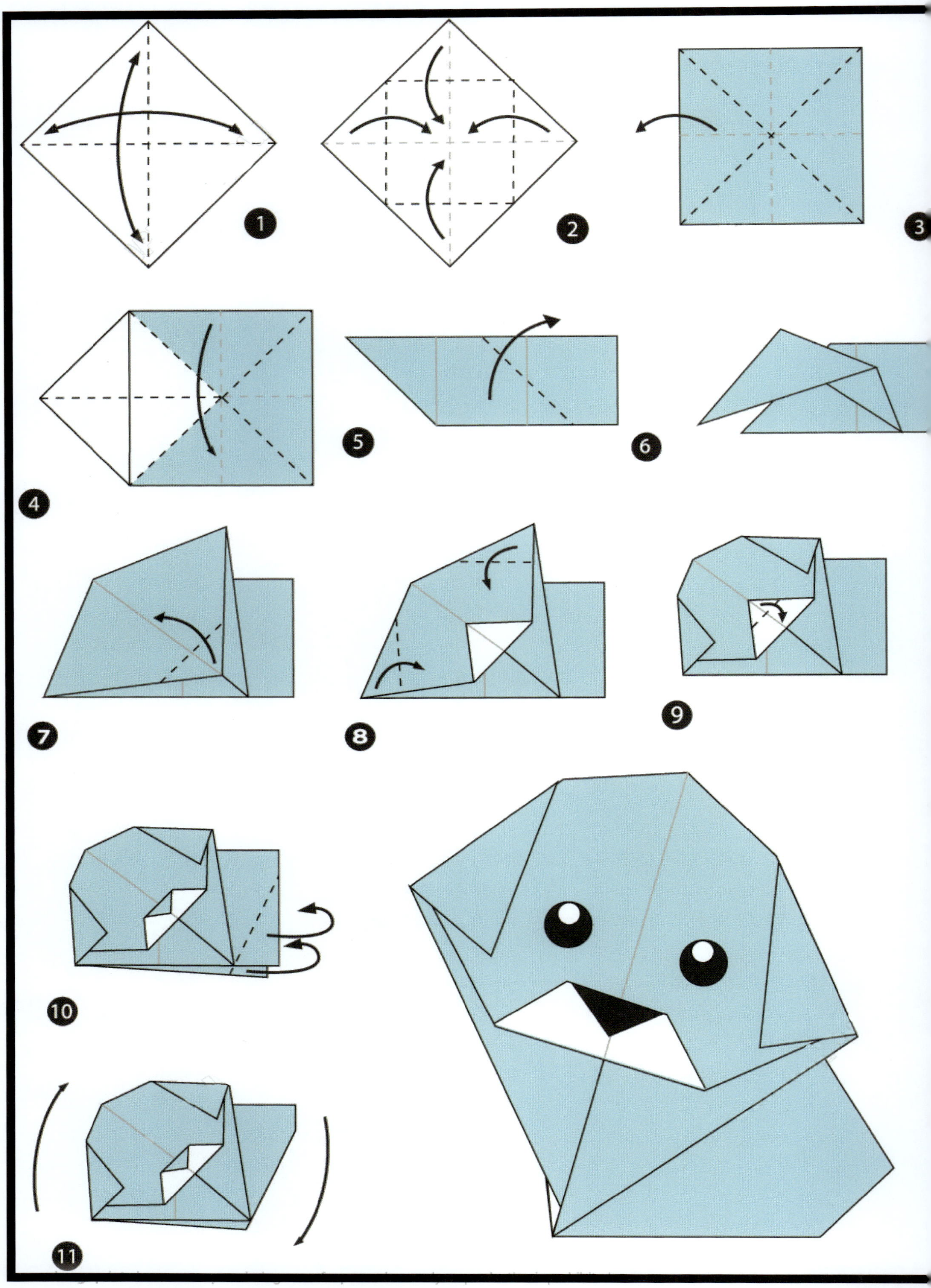
1
2
3
4
5
6
7
8
9
10
11

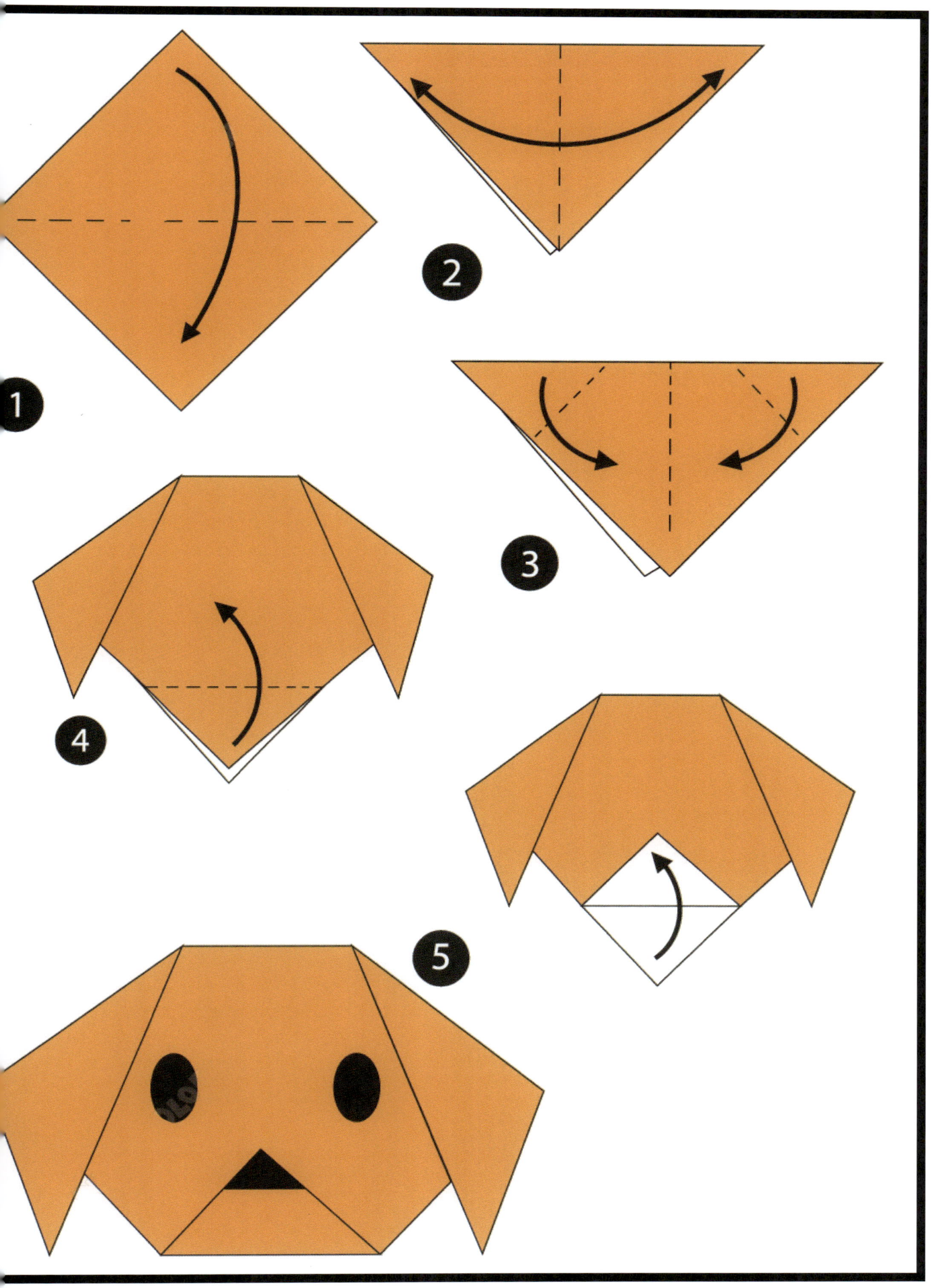
1
2
3
4
5

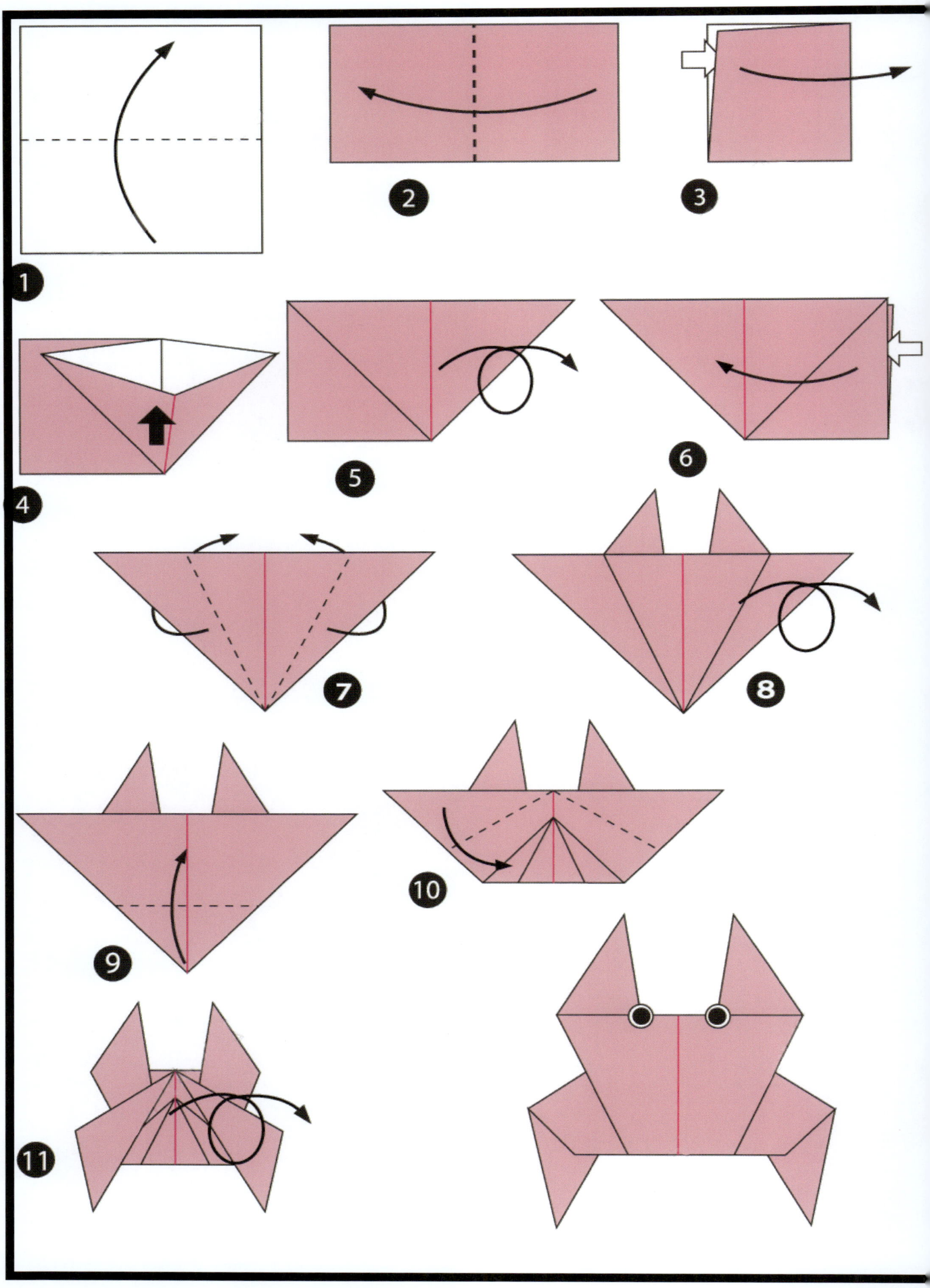
1
2
3
4
5
6
7
8
9
10
11

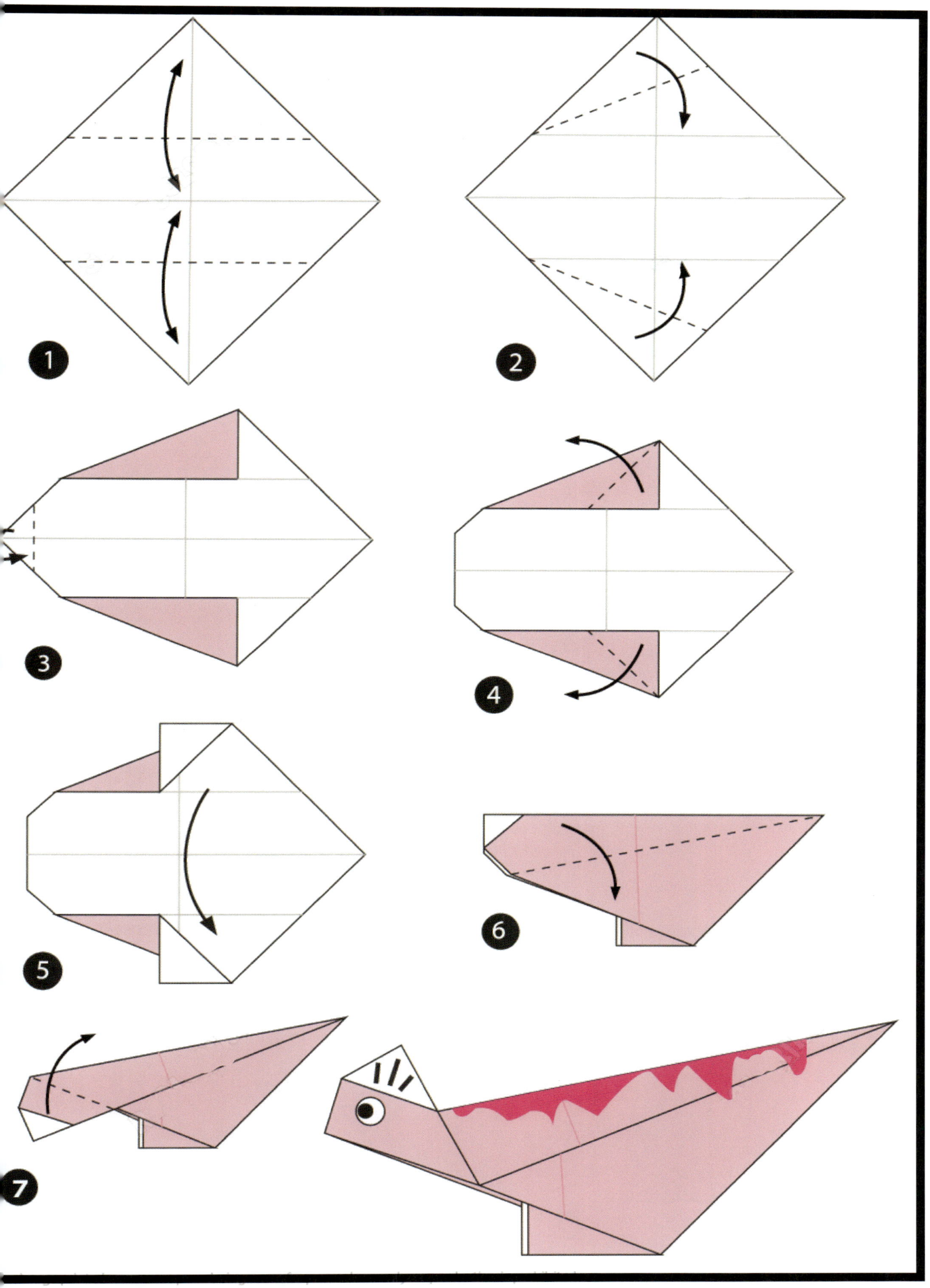
1
2
3
4
5
6
7

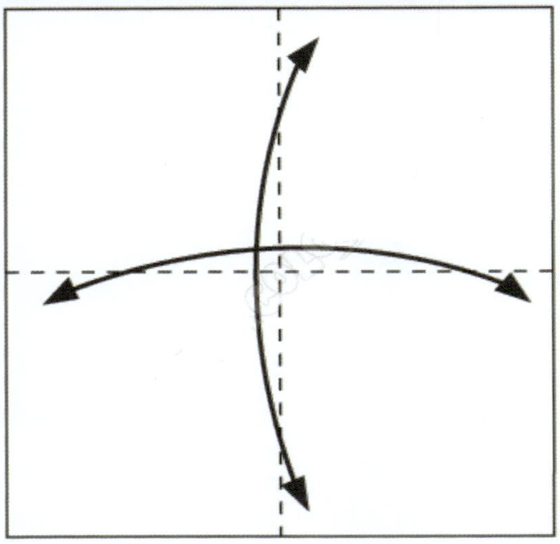

1

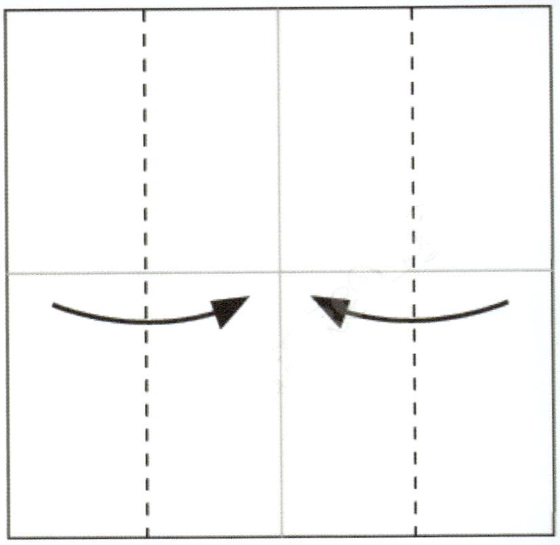

2

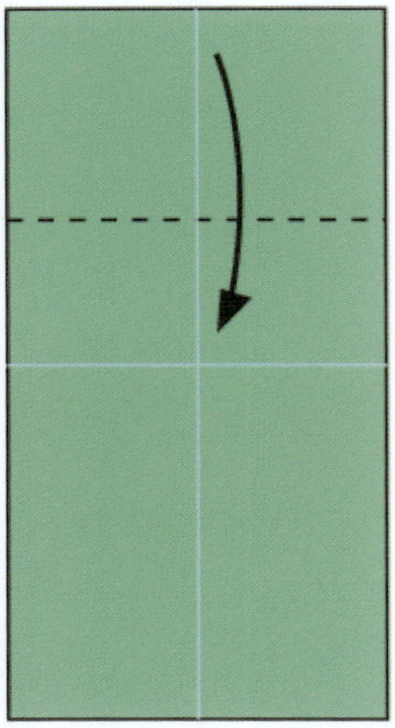

3

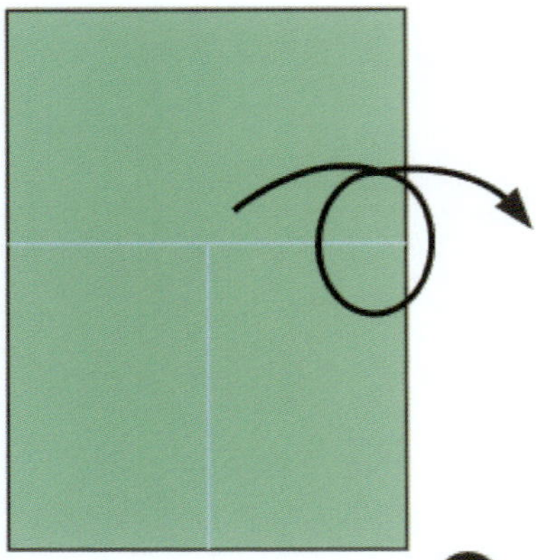

4

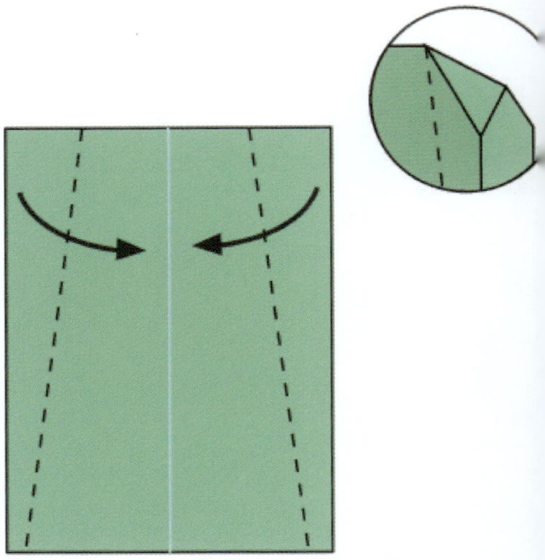

5

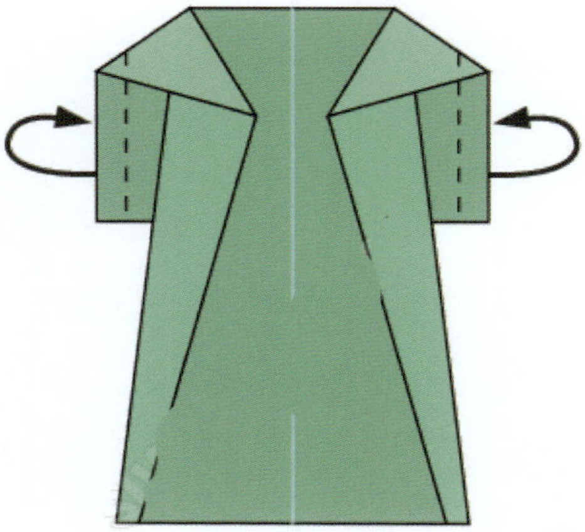

6

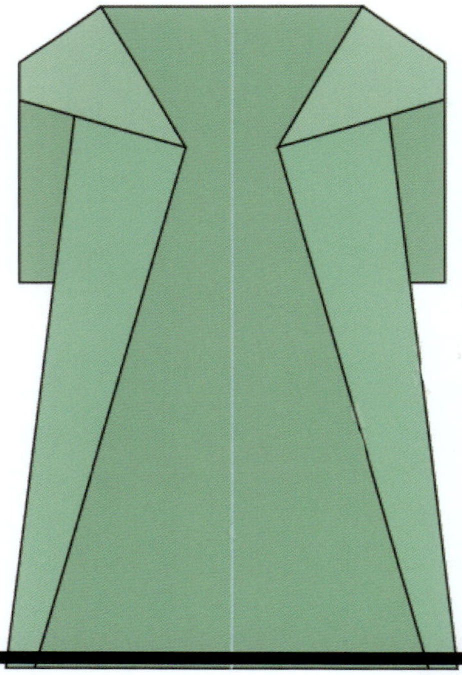

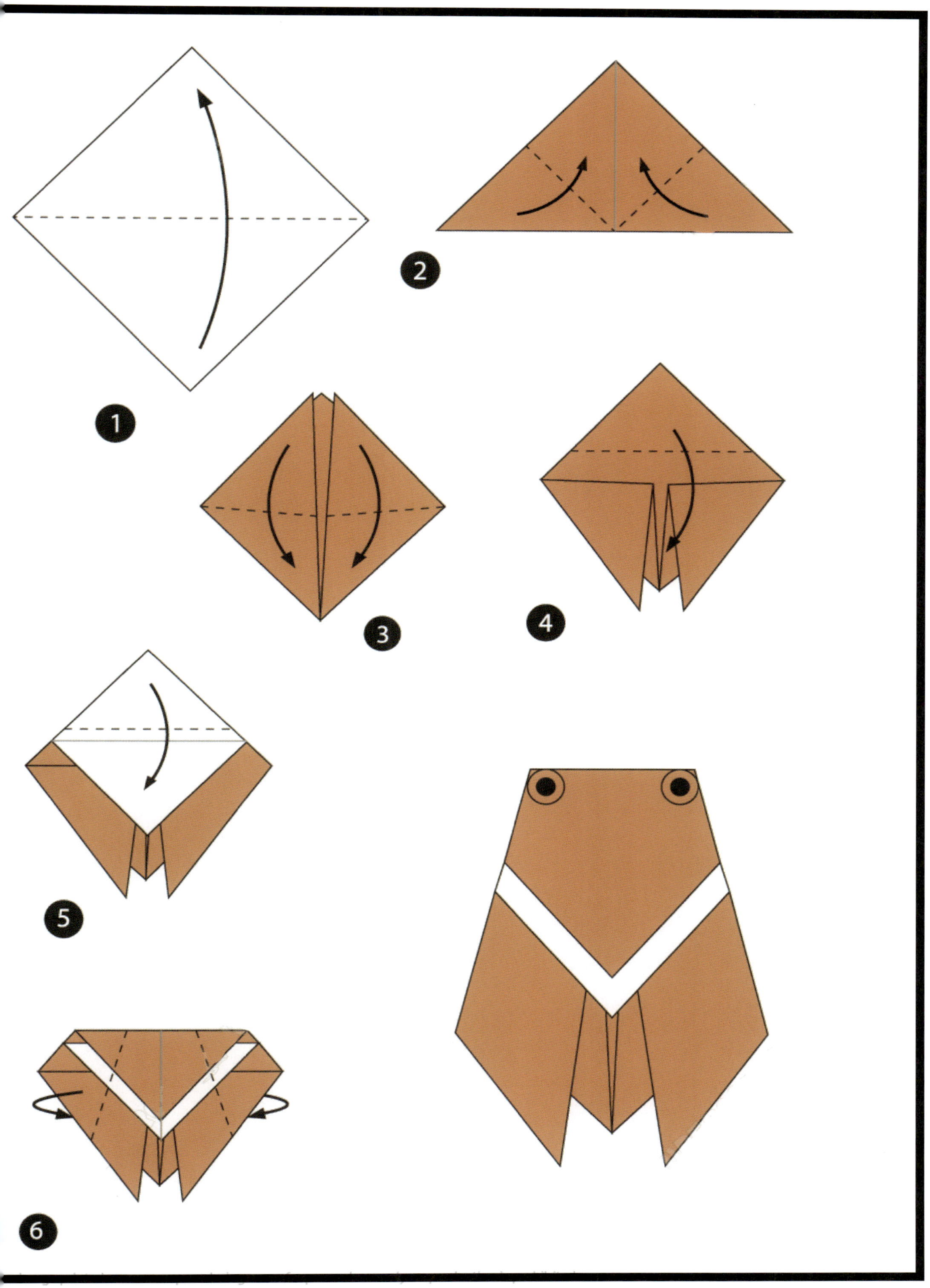
1
2
3
4
5
6

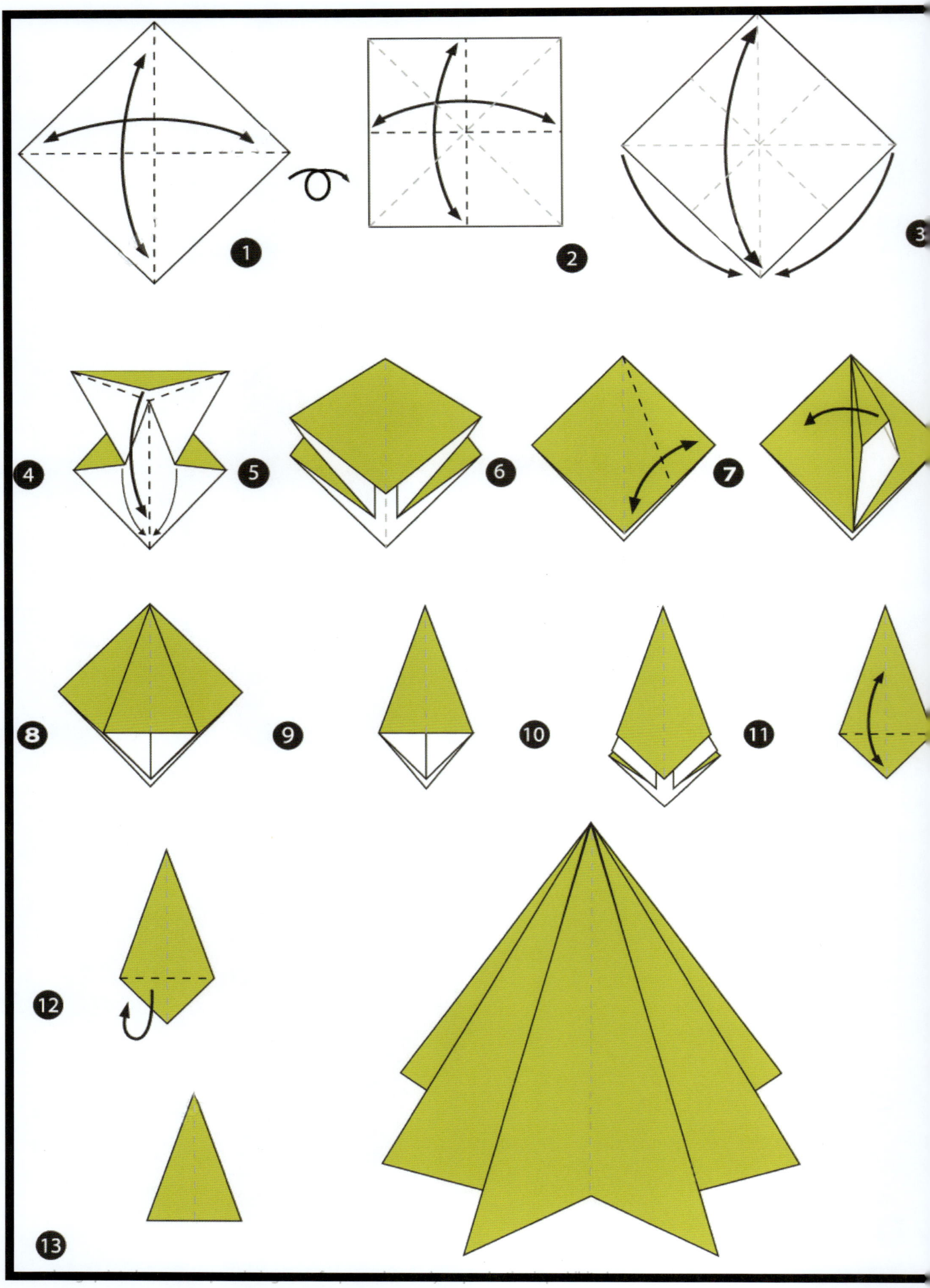
1
2
3
4
5
6
7
8
9
10
11
12
13

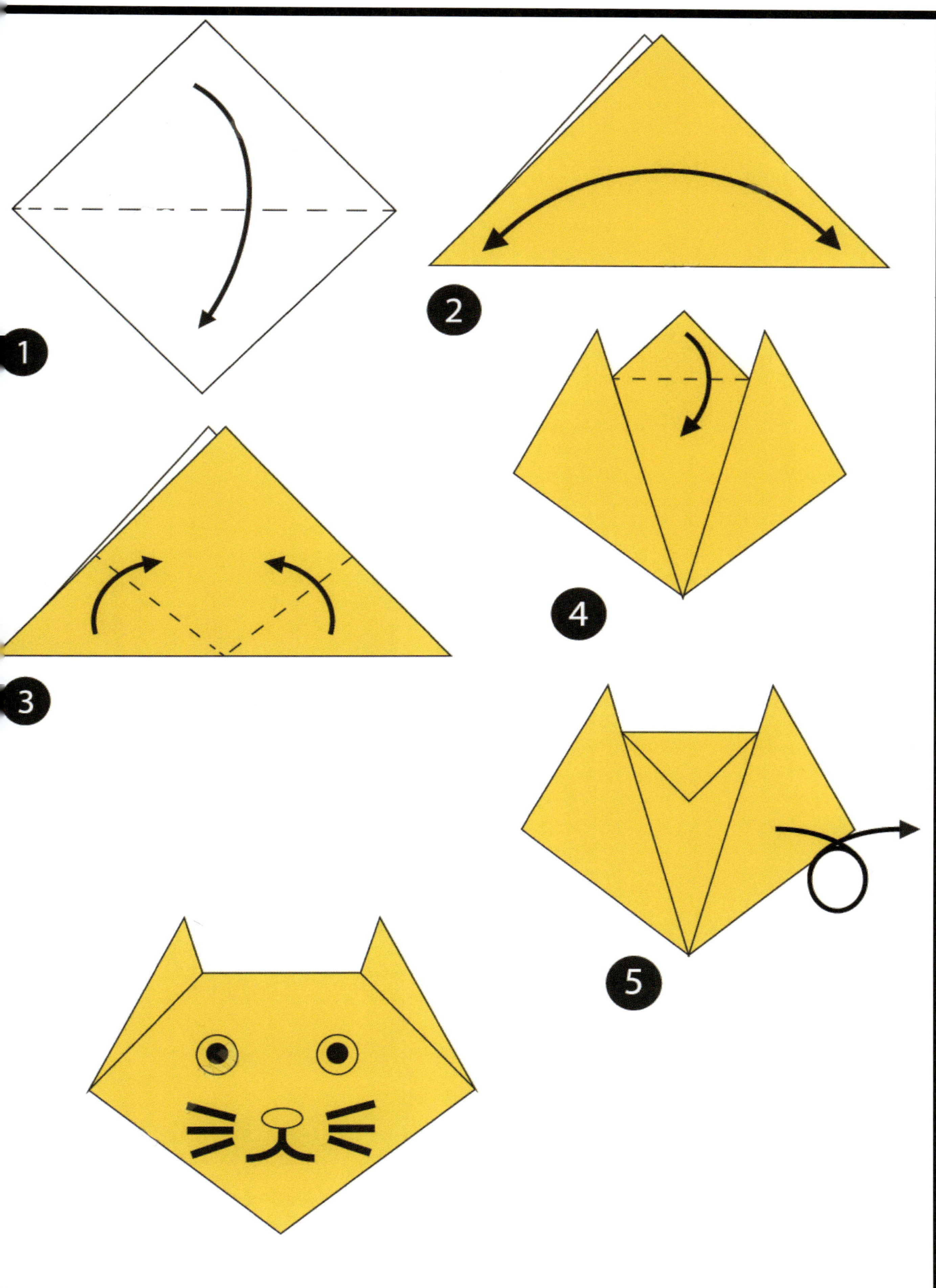
1
2
3
4
5

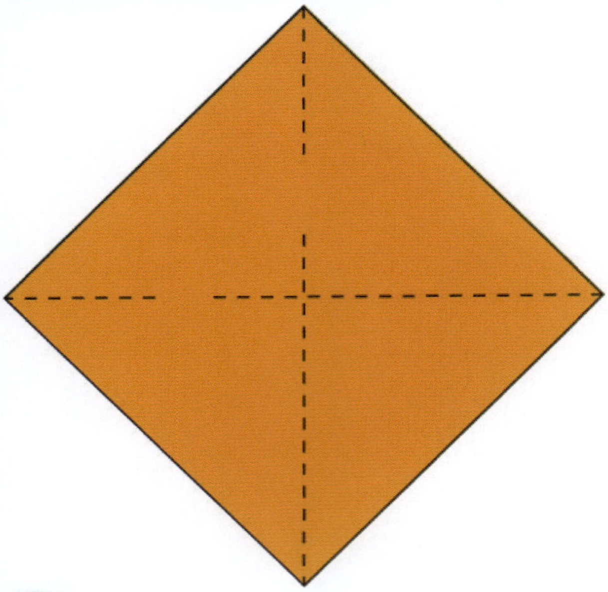

1

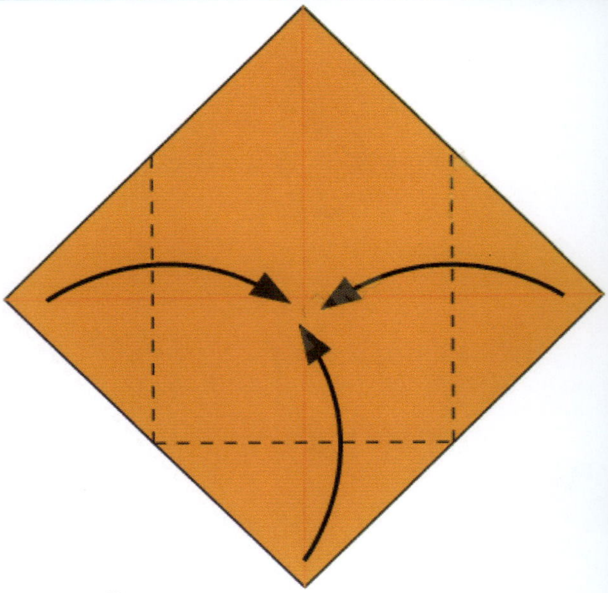

2

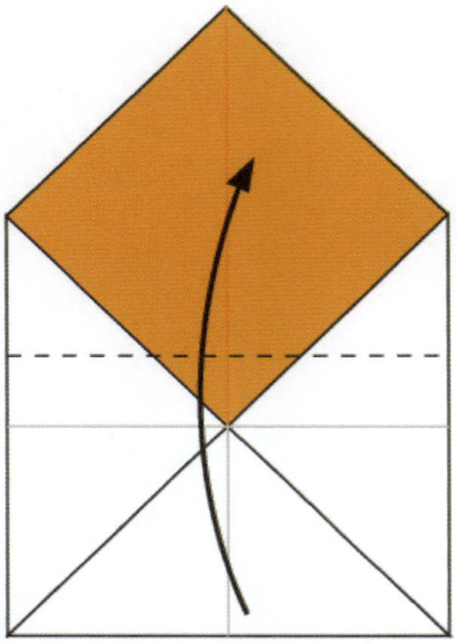

3

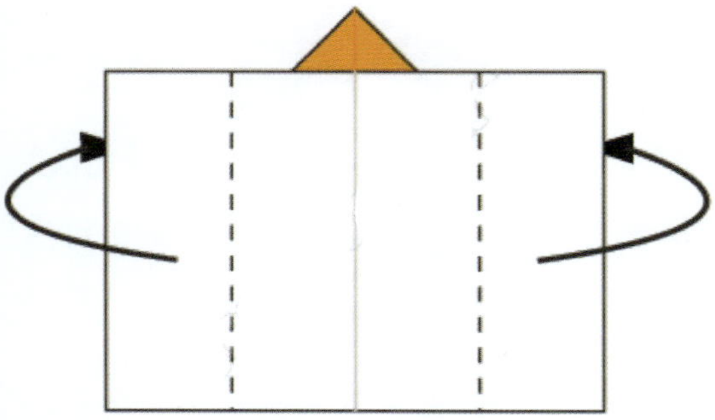

4

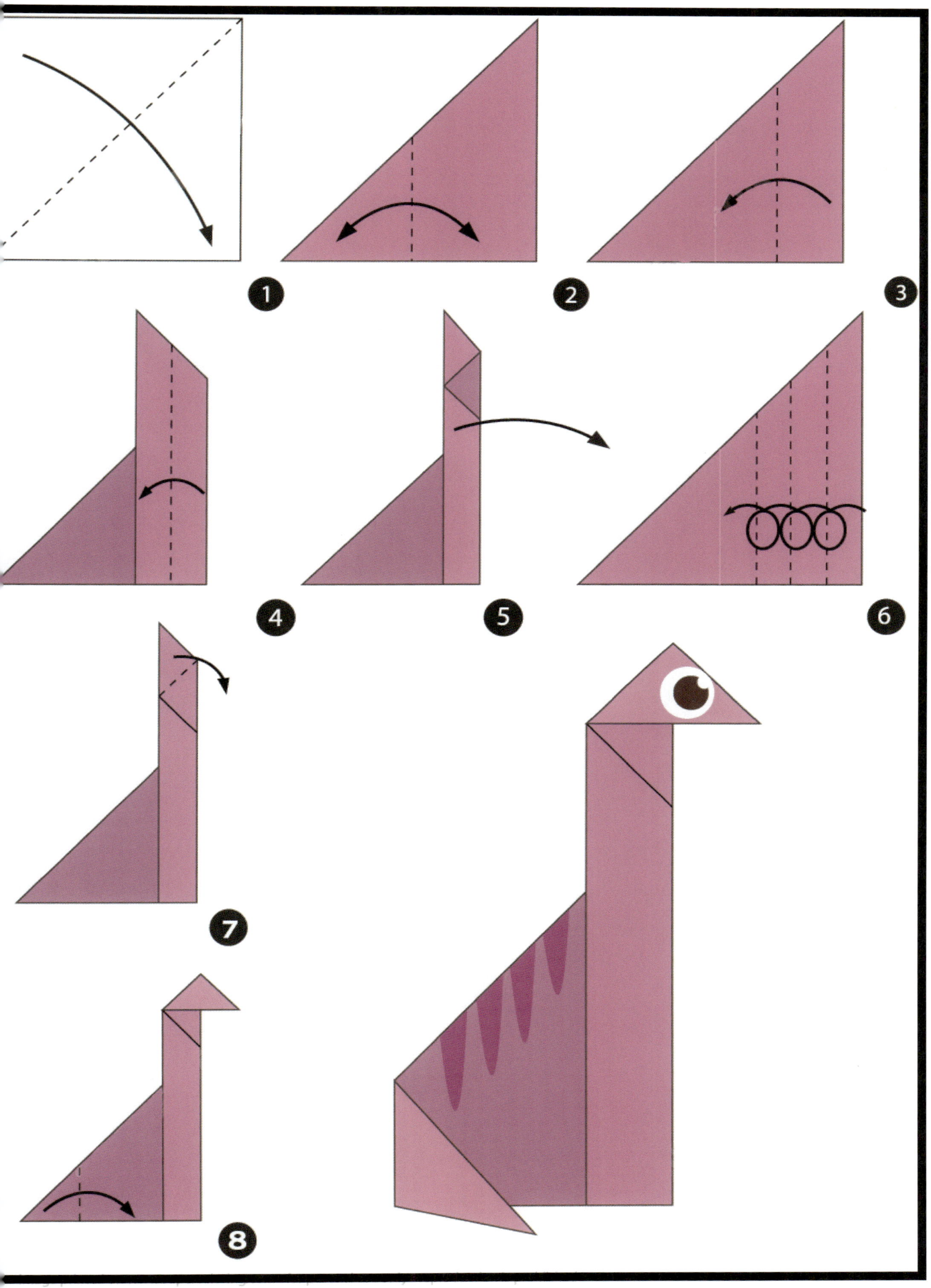
1
2
3
4
5
6
7
8

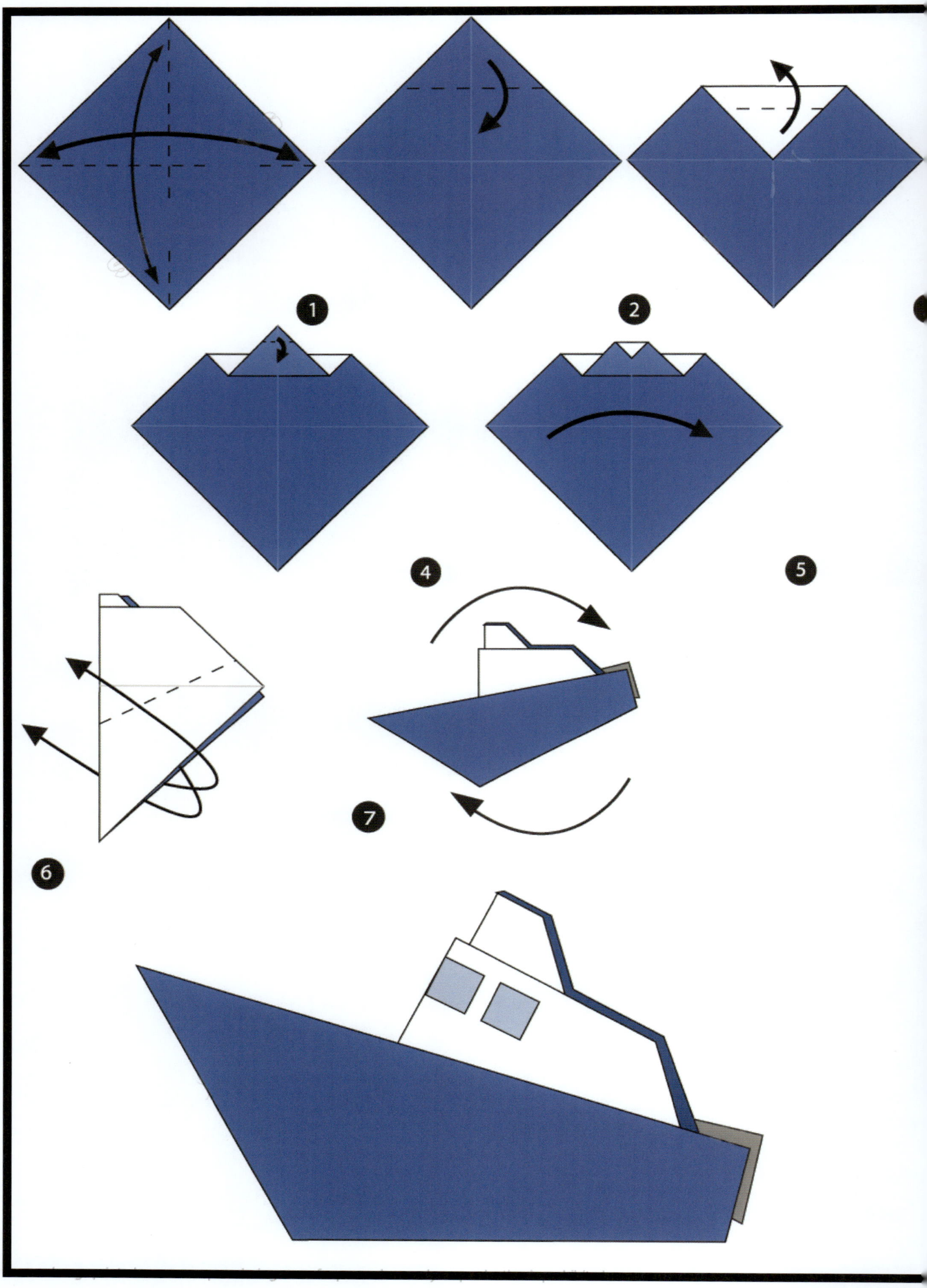
1
2
4
5
6
7

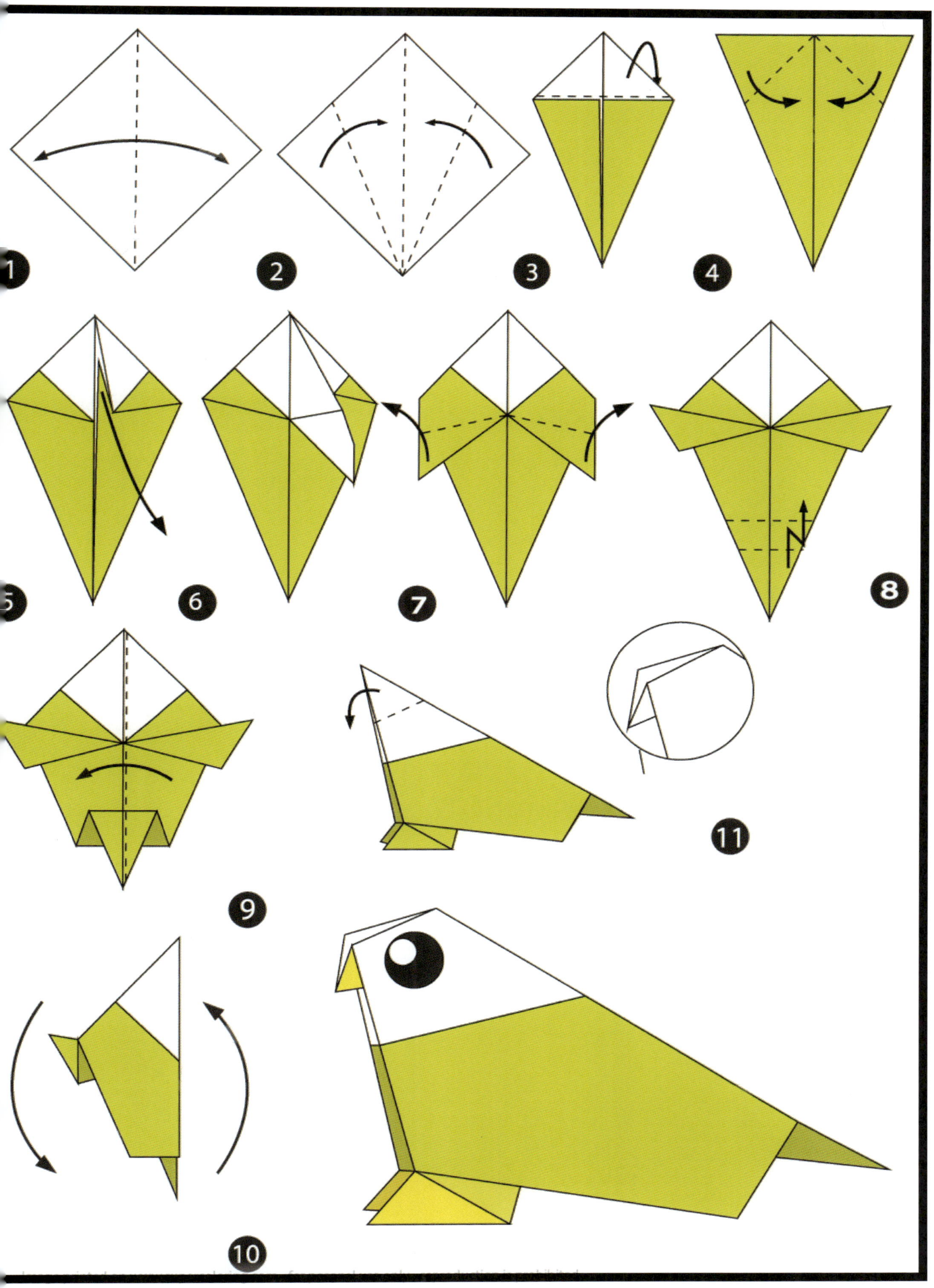

1
2
3
4
5
6
7
8
9
10
11

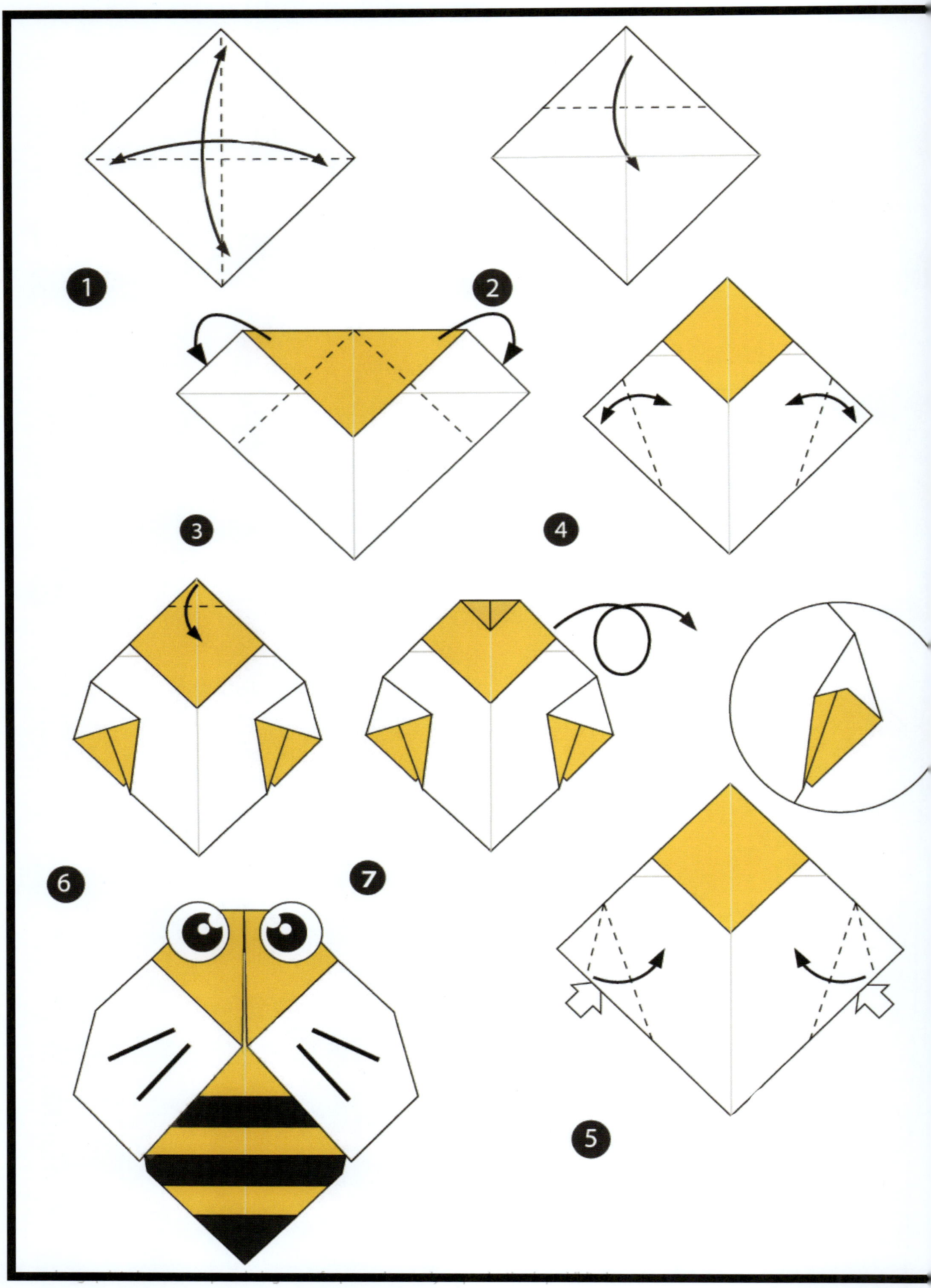
1
2
3
4
5
6
7

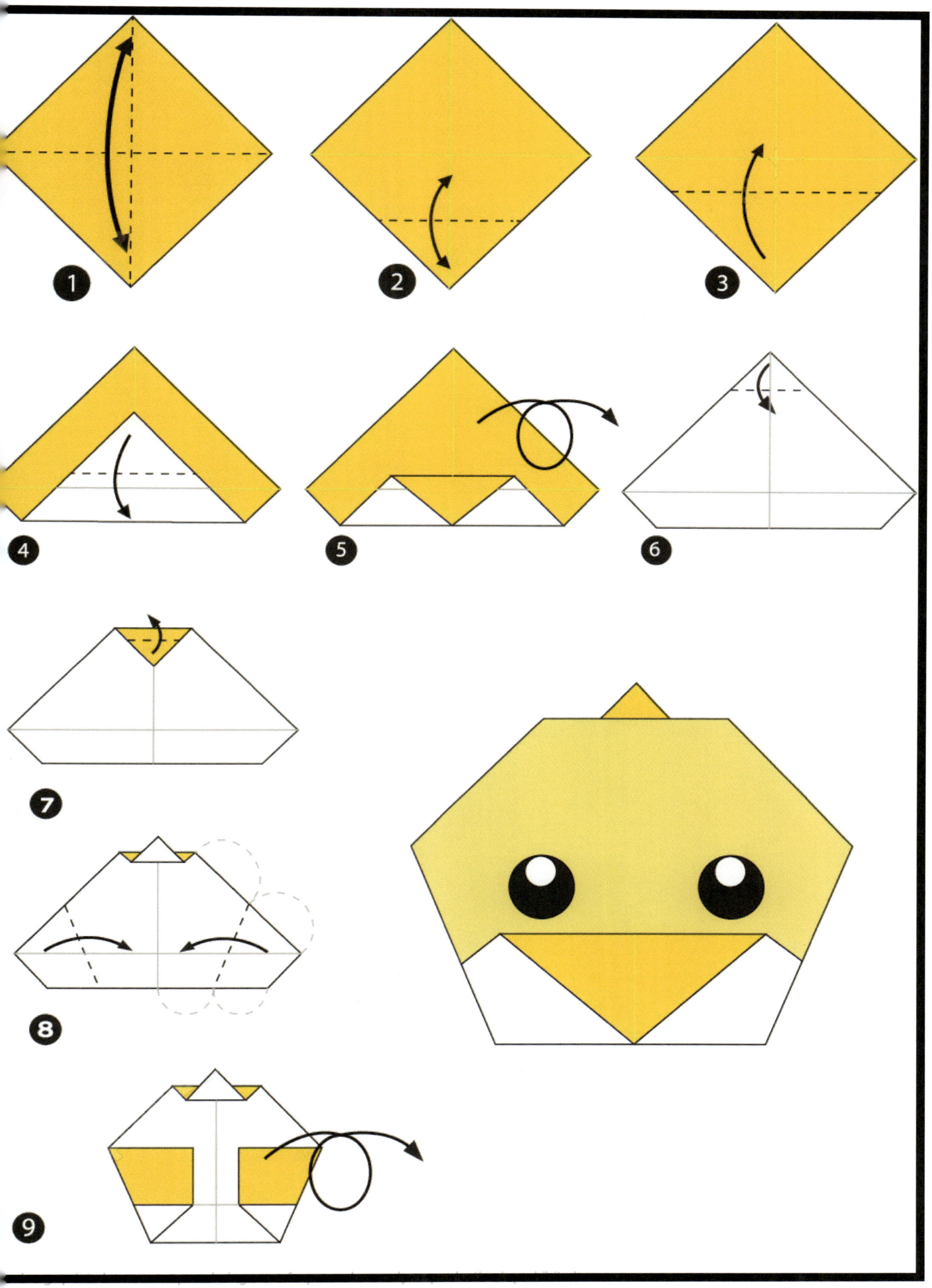
1
2
3
4
5
6
7
8
9

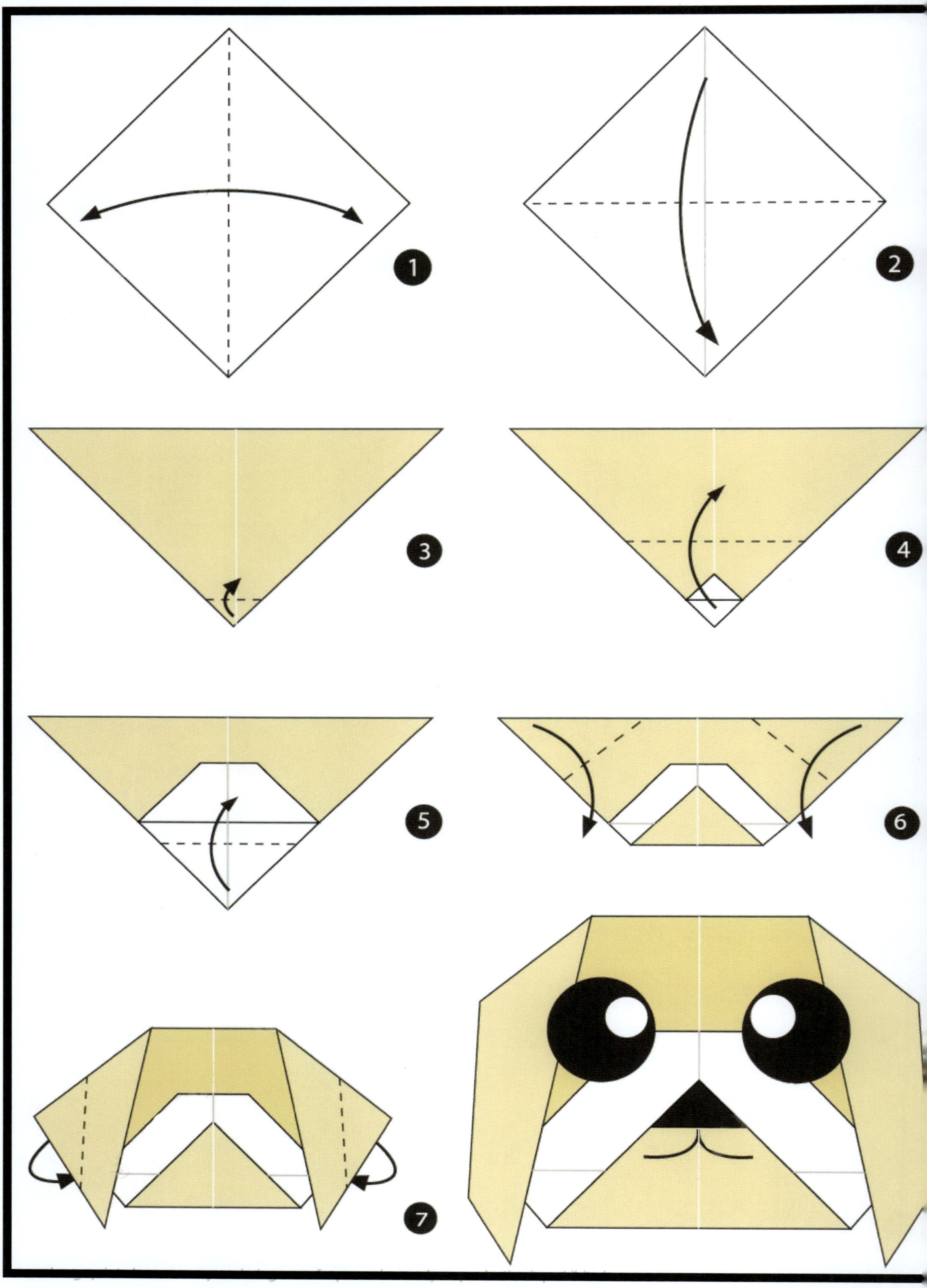
1
2
3
4
5
6
7

1
2
3
4
5
6

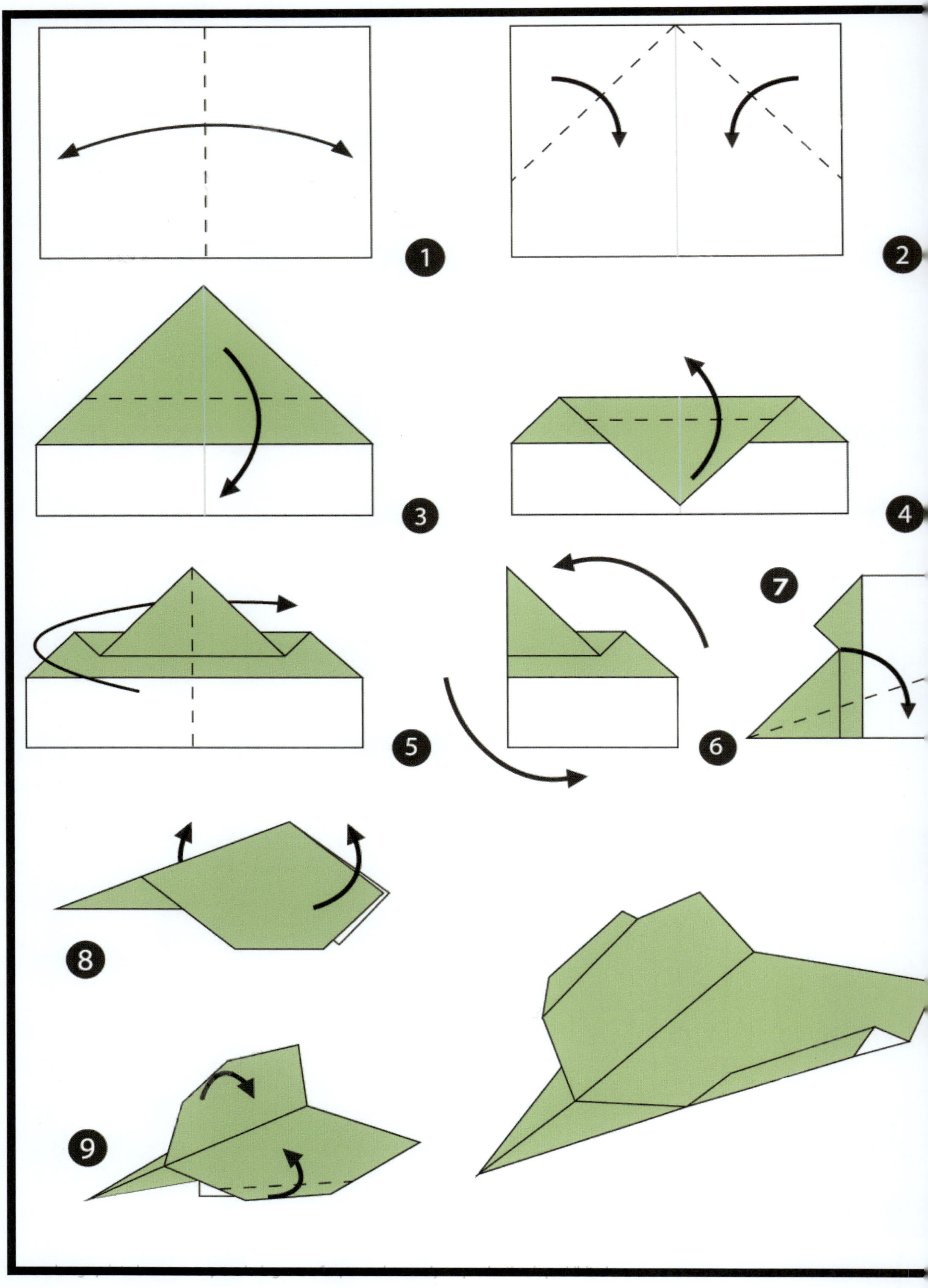
1
2
3
4
5
6
7
8
9

Printed in Great Britain
by Amazon

64353895R00024